AF260131

ŒUVRE
DES SECOURS AUX BLESSÉS

Des Armées de terré et de Mer

ET AUTRES VICTIMES DE LA GUERRE

DE 1870-1871

COMPTE-RENDU

DES OPÉRATIONS

VOTE DE MÉDAILLES D'HONNEUR

Par le Conseil municipal

BOULOGNE-SUR-MER

Typographie et Lithographie Berr et Cie

63, RUE NEUVE-CHAUSSÉE, 63

—

1873

EXTRAIT

Du registre aux delibérations du Conseil municipal de la ville de Boulogne-sur-mer (Pas-de-Calais).

Séance du 13 Février 1873.

CEJOURD'HUI jeudi treize février mil huit cent soixante treize, à huit heures du soir, le Conseil municipal de la ville de Boulogne-sur-mer (Pas-de-Calais) s'est réuni en session légale, dans la grande salle Eurvin, à l'Hôtel-de-Ville, sous la présidence de M. Auguste Huguet, maire de Boulogne ; se sont trouvés présents : MM. Baignol-Lebeau ; D. Henry ; D\u1d63 Duhamel ; D\u1d63 Ovion ; Jacques ; Constant Lagache ; Camille Chauveau ; Jules Petit ; Jules Péron ; Poirel-Adam ; Théodore Hamy ; Mantel-Deschodt ; Alfred Duminy ; Henri Marchand ; Buret-Copin ; Jean Focheux ; Alphonse Denempon ; Jules Dodon et Plourin-Bancquart.

L'ordre du jour appelle la communication du rapport concernant : 1º l'œuvre des Ambulances ; 2º l'œuvre des Secours aux victimes locales de la Guerre.

M. le Maire expose que, dans sa réunion du 23 janvier 1873, le Comité général de secours aux blessés et autres victimes locales de la guerre était saisi par M. Adolphe Crouy, son trésorier, du rapport suivant :

COMITÉ CENTRAL DE SECOURS AUX BLESSÉS

Des Armées de terre et de mer

ET AUTRES VICTIMES DE LA GUERRE

RAPPORT

DU TRÉSORIER

PRÉSIDENT DES AMBULANCES ET VICE-PRÉSIDENT DU COMITÉ CENTRAL DE SECOURS

MESSIEURS,

Avant de placer sous vos yeux l'historique des ambulances de Boulogne-sur-mer , pendant l'époque cruelle pour le pays, où elles offraient leurs secours aux victimes de la guerre, permettez-moi, dans la crainte que j'éprouve d'omettre le nom de quelques-uns de nos bienveillants concitoyens, tous si empressés à aider le Comité, permettez-moi, dis-je, de constater que partout où nous nous sommes adressés dans notre chère ville, depuis l'ouvrier jusqu'au négociant opulent, nous avons rencontré une charité sans bornes.

Le 15 juillet 1870 parvenait au Conseil municipal, réuni en séance, une communication de M. le Sous-Préfet : c'était la déclaration du Gouvernement sur le différend Franco-Prussien. La guerre devenait inévitable.

Dès le 18 du même mois, M. *Livois*, maire, au nom de l'Administration municipale, qui prévoyait les maux terribles, suites funestes des grandes luttes de peuple à peuple, proposait au Conseil la création d'un comité chargé de recueillir à domicile des souscriptions en faveur des blessés de l'Armée du Rhin.

L'organisation de ce comité était accomplie le 21 juillet ; la ville de Boulogne fut divisée en six sections, — comme en 1866, lors de la collecte en faveur des familles frappées par l'épidémie cholérique, — en vue de l'appel prochain à faire à l'humanité et à la générosité de ses habitants.

A la tête de chaque circonscription, un groupe de Conseillers municipaux forma le noyau administratif. Il fut décidé que le Comité siégerait à l'Hôtel-de-Ville, sous la présidence du Maire et qu'il choisirait un trésorier.

Dans la séance suivante, M. *Crouy*, adjoint, fut désigné pour cette fonction, et les membres du Conseil furent répartis ainsi dans les diverses sections :

1re SECTION : MM. *De Lédinghen, Dr Gros, Th. Hamy, L. Carmier, E. Poure, Lipsin.*

2e SECTION : MM. *I. Brunet, Duprey-Martin, Dr Ovion, Trudin-Roussel, Larché, Baudelocque.*

3e SECTION : MM. *Mutuel-Fresson, Belvallette, Dr Flour.*

4e SECTION : MM. *Ad. Crouy, Marmin-Pamart, Duflos-Lonquéty, Dorlencourt-Marsan et Alf. Dubout.*

5e SECTION : MM. *Emile Hénin, Haffreingue aîné, Bouclet, J. Hénin.*

6e SECTION : MM. *Lebeau aîné, Vidor et Lecerf.*

Pour s'aider dans leur bienfaisante mission, ces messieurs firent appel au concours dévoué de MM. *Delattre-Gin, J. Descamps, A. Lefebvre, Valois-Varlet, Allaud, Flour-Herbez, capitaine Giraud, Bouvet, Sergent, avoué, Merlin, avocat, Poultier, avoué, Hamain, Mutez, Parent, Le Roy-*

Mabille, Wimet-Ovion, Ed. Flour, Martin, Marlard, Mahieu, E. Dutertre, Chartaux père, Dougnac, Madaré, avocat, Dutertre Delmarcq, Quenet, Ringard, Plantard de Laucourt, Delattre-Haffreingue, Mantel, Carlier-Guilmant, Leprêtre-Boissel, Albert Pamart, Vaillant, Dr Cazin, Al. Crouy fils, Lequeutre, Hagniéré, Flageollet, P. Evrard, Ch. Adam, Beaucerf, Dr Filliette, Lafosse, Jules Petit, Alf. Delattre, Dusautiez, Ach. Dutertre, Parmentier, Fourny-Chérie, Coquerel, Aug. Huguet, Desnoyelles, Langlet-Altazin, F. Fourny, Tellier-Coquerel, Gérard, Hubert, Remy.

MM. les Curés des paroisses de la ville prêtèrent également leur concours dévoué à cette œuvre chrétienne.

Une commission, nommée par le Conseil municipal et composée de MM. *Ad. Crouy, E. Hénin, de Lédinghen, Mutuel-Fresson, Vidor* et *I. Brunet,* s'empressa d'organiser tous les détails de la souscription publique et une circulaire fut adressée aux habitants de la ville pour leur faire connaître la formation du Comité de secours.

A la même date (21 juillet 1870), M. *Hamy* ayant signalé au Conseil les besoins de nombreuses familles dont les membres étaient appelés à faire partie de la mobile ; et MM. *Baudelocque* et *Ovion* ayant également fait une motion en faveur de la *Société Internationale de Secours,* cette assemblée décida qu'il serait libre aux souscripteurs d'indiquer la destination de leurs offrandes, soit pour les blessés de l'armée, soit pour les familles, soit pour la *Société Internationale* ou de les répartir, s'il leur plaisait, entre ces trois catégories.

Sur la proposition de M. *A. Lipsin,* le Conseil municipal vota une somme de 5.000 francs, composée de :

> 1,000 fr. pour la *Société Internationale de secours aux blessés ;*

2,000 fr. pour les blessés ;

2,000 fr. pour les secours aux familles locales éprouvées par la guerre.

A cette somme, la ville ajouta plus tard 4,017 francs (prélevés sur l'emprunt de 400,000 fr.), en faveur des familles locales, dans le but de leur continuer les secours jusqu'au 1er avril 1871.

Les sections de souscription étant formées, on nomma pour les présider :

1re SECTION : MM. *de Lédinghen.*
2e SECTION : *Ign. Brunet.*
3e SECTION : *Mutuel-Fresson.*
4e SECTION : *Ad. Crouy.*
5e SECTION : *Em. Hénin.*
6e SECTION : *A. Vidor fils.*

Par le zèle et l'activité des membres de la Commission, la souscription commencée le 1er août fut terminée en six jours.

Nous devons mentionner ici, tout particulièrement, le concours dévoué prêté au Comité par son secrétaire, M. *Louis Bénard,* secrétaire en chef de la Mairie. C'est par les soins personnels de M. L. Bénard qu'étaient recueillies et enregistrées les souscriptions déposées à l'Hôtel-de-Ville. C'est également lui qui se chargea, en sus du travail considérable que les circonstances lui imposaient comme chef des bureaux de la Mairie, de la volumineuse correspondance à laquelle donna lieu l'organisation et la marche de la souscription publique, la création des ambulances et la répartition des secours aux familles atteintes par la guerre.

La souscription publique, celle des étrangers ayant habité Boulogne, celles des diverses administrations, ainsi que les fêtes, concerts et quêtes dont le produit fut concentré par le Comité, eurent pour résultat une somme totale de

114,995 fr. 42 c., suivant la destination indiquée par les donateurs ; cette somme se divisait comme suit :

42.134 fr. 35 pour secours aux familles des militaires, marins, mobiles et mobilisés ;

2.157 » pour la *Société internationale de Secours aux Blessés* ;

.68.283 57 pour secours aux blessés ;

2.420 50 remis, sur leurs réclamations, aux résidents anglais, pour être dépensés par eux-mêmes en secours aux blessés.

114.995 fr. 42, somme égale au total accusé plus haut.

Un Comité central s'organisa, sous la présidence de M. *Livois*, maire (29 juillet 1870), pour aviser au meilleur emploi des fonds recueillis. Il fut composé : des présidents des six sections ; de MM. les Curés des diverses paroisses de la ville ; du président du Tribunal de commerce ; du président de la Chambre de commerce ; du Commissaire de marine ; des Conseillers généraux et Conseillers d'arrondissement des cantons de Boulogne ; des vice-présidents des Administrations de l'Hospice, du Bureau de Bienfaisance, de la Caisse d'Epargne, du Mont-de-Piété.

MM. *Ad. Crouy*, *E. Hénin*, *Mutuel-Fresson*, *Lipsin*, *de Lédinghen*, *Brunet*, *Ternaux-Crouy*; *Caboche*, curé de St-Nicolas ; *Jonas*, curé de Notre-Dame et St-Joseph ; *Rémont*, curé de St-Vincent-de-Paul ; *Leuillieux*, curé de St-François-de-Sales et *Bresselle*, curé de St-Pierre, membres de la Commission spéciale, furent chargés de distribuer les 42,134 fr. 35 recueillis à cet effet, aux familles peu fortunées des militaires et marins, mobiles et mobilisés sous les drapeaux.

Ainsi qu'il en fut rendu compte au Conseil municipal et au Comité, en mai 1871, par M. *Adolphe Crouy*, trésorier du Comité, 756 familles, divisées selon les besoins constatés, ont été secourues depuis le 1ᵉʳ octobre 1870 jusqu'au 1ᵉʳ avril 1871.

Les 2,157 francs pour la *Société internationale de Secours aux Blessés* furent envoyés, le 17 décembre 1870, à M. le *comte de Melun*, président de la Société du Nord, vu l'impossibilité de les faire parvenir au siége de la Société, à Paris, alors investi par les Prussiens.

Les 2,420 fr. 50 c. réclamés par les résidents anglais avaient été remis, le 10 septembre 1870, à Madame *Livois*, présidente du Comité des dames de la Société anglaise de secours aux victimes de la guerre.

Comme on ne pouvait séparer du Comité de souscription, qui fournissait les moyens, l'œuvre des ambulances locales, qui était le but poursuivi à Boulogne lorsque, le 15 août 1870, fut décidée l'organisation d'ambulances pour les blessés de l'armée, une commission de ce Comité fut chargée de recevoir les lits, literies et objets mobiliers dont la demande avait été faite aux habitants et qui furent prêtés avec un empressement louable (1). Cette commission prit, avec l'Administration municipale, toutes les mesures nécessaires à l'établissement de ces hôpitaux provisoires.

Sur la demande de M. le Maire, MM. *Faverot, Achille Dutertre*, *Le Roy-Mabille, Lipsin, Marmin-Pamart* et *Mutuel-Fresson*, Conseillers municipaux, voulurent bien accepter de faire partie de cette commission, présidée par M. *Adolphe Crouy*.

Par l'activité de ses membres, cette commission, en moins de quinze jours, avait reçu et enregistré, en bois de lits,

---

(1) Nous devons citer ici, M. *Auguste* Huguet et la Société de Bienfaisance qui, spontanément, vinrent garnir deux salles d'ambulance aux Anciennes Casernes, en lits complets, meubles, etc. ; ces salles portèrent les noms de *Salle Aug. Huguet* et *Salle de la Bienfaisance*. Les membres de cette dernière Société prêtèrent aussi leur concours dévoué pour soigner les blessés.

matelas, paillasses, sommiers, traversins, oreillers, draps, linge, etc., de quoi organiser 500 lits complets. Tous ces objets, dont la totalité excédait 5600 pièces, reçurent un numéro d'ordre fixé sur chacune d'elles. Ce numéro était imprimé sur toile et était relevé sur un registre d'inventaire, avec désignation de provenance ; aussi, grâce aux soins avec lesquels ce premier travail avait été exécuté, il fut facile, malgré l'encombrement et deux déménagements nécessités à la cessation des ambulances, de rendre les objets aux personnes qui les avaient obligeamment prêtés.

A la même époque (août 1870), un Comité de Dames, composé de :

    Mmes *Livois*, présidente ;

        Gros, vice-présidente ;

        Labrune, secrétaire ;

        Aliamet, trésorière ;

Dames patronesses : Mmes *Pinchon, Pontallié, De Beaumont, Duhamel, Membré, Lipsin, Gilardin, Sergent, Rouxel, Cazin, Chevalier, Baignol, J. Fontaine, Delaby, Guéry-Hamy, Mory, Gérard-Poure, de Lioncourt, Em. Hénin, G. Dubout, Alf. Dubout, Ad. Crouy, Henry, Larché, Duprey-Martin, Bary, Houcke, Reisenthel, Lagache, Madaré*, fut constitué à l'effet de recueillir les dons en nature offerts par les habitants (1).

L'appel de ces dames rencontra la sympathie publique ; et bientôt elles recueillirent une grande quantité d'objets, tels que : chemises, draps, couvertures, oreillers, coussins, charpie, linge, flanelle, vêtements ; — *en denrées :* sucre,

---

(1) Mme *la baronne Salomon* DE ROTHSCHILD, pendant son séjour à Boulogne, est venue souvent visiter les ambulances et apporter de nombreux dons aux blessés : en maintes circonstances, elle a fait preuve de la plus grande et de la plus sympathique libéralité, tant envers l'œuvre des Ambulances qu'à l'égard de l'œuvre des familles boulonnaises éprouvées par la guerre.

café, chocolat, thé, vins, liqueurs, confitures, tabacs, etc. ; plus, en espèces, une somme de six à sept mille francs.

Leurs services ne se sont pas bornés à cette collecte si fructueuse : ces dames ont voulu se joindre aux *sœurs de charité* des blessés ; elles les ont visités, soignés ; elles ont distribué à l'hôpital (1) et dans les ambulances les denrées et les vêtements recueillis : elles ont créé des bibliothèques pour charmer les heures de leurs convalescents. Présentes partout, cherchant partout de quoi améliorer le sort de toutes ces victimes d'une guerre néfaste, elles ont remplacé auprès de ces malheureux les mères absentes, et n'ont pas peu contribué à la guérison et au rétablissement de beaucoup d'entre eux, que ces soins attentifs et dévoués ont rattaché à la vie, si douloureuse qu'elle leur fût alors (*).

A cette même date du 15 août, M. *Livois*, maire, chargeait MM. *Ad. Crouy*, les docteurs *Ovion* et *Filliette* et M. *Th. Hamy*, ancien conseiller municipal, d'organiser avec la Commission une ambulance aux Anciennes Casernes. Ces messieurs se mirent immédiatement à l'œuvre. Toutes les marchandises et tous les grains déposés dans les locaux désignés pour la création de cette ambulance furent enlevés, et, dès le 1er septembre, M. le Sous-Intendant militaire à Calais était informé que Boulogne pouvait y recevoir 200 blessés.

---

(1) Rappelons ici parmi les charitables visiteuses de nos blessés soignés à l'Hospice, le nom d'une de nos honorables résidentes, *Miss* ROUPELL, qui, dès l'origine et pendant toute la période de la guerre, se fit comme un pieux devoir d'apporter elle-même chaque jour à nos soldats les soins les plus assidus et les témoignages de la plus cordiale sollicitude.

(*) Citons un fait entre autres : Un jeune soldat qui avait eu les chairs de la cuisse emportées par un éclat d'obus, dépérissait à vue d'œil ; la fièvre ne le quittait pas ; en proie à la pourriture d'hôpital, il se lamentait de mourir aussi loin de sa jeune femme. Le comité des Dames, prenant en considération le chagrin de ce militaire, fit venir à ses frais la femme. Aussitôt l'arrivée de celle-ci, une amélioration sensible se déclara et deux mois après, le jeune blessé était guéri.

Cinq sœurs de St-Vincent-de-Paul, dont on avait réclamé l'aide à Mme la Supérieure de cette congrégation charitable, avaient pu heureusement sortir de Paris un jour avant l'investissement et apporter à Boulogne leur concours intelligent et dévoué.

Un sentiment de justice nous porte à mentionner ici le nom de ces sœurs qui ont rendu d'éminents services à l'œuvre de l'Ambulance boulonnaise, où elles eurent, à un certain moment, plus de 5oo blessés et malades. Que les sœurs *Alexandrine*, *Justine*, *Clémence*, *Euphrasie* et *Philippine* de St-Vincent-de-Paul reçoivent le témoignage de la gratitude de toute une ville dont nous nous faisons l'interprète (1).

L'Ambulance des Casernes était prête et complète le 1er octobre et se composait de 20 salles contenant 55o lits, plus, les salles de bains, la salle des morts, celles de dissection, d'opération, de consultation ; le réfectoire, le parloir, le bureau du comptable, le dortoir des sœurs, le dortoir des infirmiers, la lavanderie, la lingerie, le dépôt des effets militaires, la cuisine, la panneterie, l'office, la cave pour les boissons, la pharmacie et la tisannerie.

L'ambulance fut aussi dotée d'une chapelle dont les ornements et l'autel furent prêtés par M. *Caboche*, curé de St-Nicolas, qui, pendant la durée de l'ambulance, y a rempli les fonctions d'aumônier avec un zèle chrétien dont l'éloge n'est plus à faire. L'orgue a été fourni gratuitement par M. *Hannon*.

Le service médical a été fait par MM. les docteurs *Ovion*, *Filliette*, *Flour*, *Cazin*, *Sauvage* et quatre élèves internes.

---

(1) Ces bonnes sœurs ne restèrent pas inactives. En attendant l'arrivée des blessés, elles furent chargées d'organiser et de diriger les quatre fourneaux économiques qu'on venait d'ouvrir.

avec un dévouement qui reçoit sa principale louange des excellents résultats obtenus (1).

Le service pharmaceutique a été installé par M. *Th. Hamy*, qui s'était adjoint M. *Evrard*. Grâce à ces Messieurs, l'organisation de ce service fût parfaite. Ils obtinrent des pharmaciens de la ville le prêt d'un bon nombre d'ustensiles et le don de beaucoup de médicaments.

MM. *Th. Hamy* et *Sené*, pharmaciens de 1.re classe, ont bien voulu donner leur concours au service de cette pharmacie ; et leur zèle infatigable s'est prouvé à ce point qu'ils ont eu souvent à préparer, pour les trois ambulances, plus de 150 prescriptions dans un jour.

Qu'on juge du labeur qui leur incomba : les ordonnances, non compris les préparations, ont excédé le chiffre de **12,000**, et *tout leur passa par les mains* ! Notons que l'un d'eux, M. *Th. Hamy*, entrait dans sa 72e année !

M. *Allaud*, officier de l'Administration des bureaux de

---

(1) De son côté, M. le Dr DUHAMEL ne ménageait pas ses soins aux *varioleux* dont le nombre augmentait chaque jour, au fur et à mesure que se repliaient sur Boulogne les légions mobilisées de la Somme et de l'Oise. De concert avec le regrettable Dr COUSIN, alors chirurgien en chef de l'Hospice, qu'une mort prématurée (19 avril 1871) a enlevé, dans un âge encore peu avancé, à sa famille et à ses nombreux amis, M. DUHAMEL avait, dès les premiers envois de blessés sur Boulogne, donné ses soins assidus à nos compatriotes tombés sur les champs de bataille. M. le Dr COUSIN eut la vive satisfaction de sauver d'une mort certaine plusieurs militaires que de graves blessures avaient atteints et que sa science et sa persévérance autant que son dévouement parvinrent à rétablir.

En ces circonstances, M. le Dr GROS, médecin en chef de l'Hospice, se montra à la hauteur de sa mission, et, avec ses honorables collègues, il contribua pour une large part au soulagement et à la guérison des militaires blessés ou épuisés par les fatigues de la campagne.

Le service médical, à l'Hospice, fut secondé avec un empressement des plus louables par M. DESJARDINS, aide-pharmacien, qu'on est toujours sûr de rencontrer partout où il y a quelque adoucissement à porter à un malheureux malade ou blessé.

l'intendance militaire en retraite, s'offrit obligeamment à prendre soin de la comptabilité du service. Par ses connaissances et sa capacité, les trois ambulances furent administrées militairement, avec l'ordre le plus parfait, ce qui permit à l'œuvre des ambulances de faire un traité avec l'Intendance militaire et d'obtenir de l'État le remboursement d'une somme de 14,927 fr. 45 c.

Six infirmiers de visite, 20 infirmiers de salle, un vaguemestre pris dans le dépôt des mobilisés, complétèrent le personnel. Tous ont fait leur devoir. Parmi ces aides, nous citerons *Roger* (du Portel), dont les relations avec nos excellents marins lui permirent d'obtenir d'eux bien des paniers de poissons pour nos blessés, fort heureux de cet *extra*.

Mentionnons aussi : 1° le cuisinier *Lamblin*, son talent et son activité du jour et de la nuit ; 2° M. *Dagbert (Félix-Jules)*, coiffeur, 53, rue Royale, qui est venu se mettre à la disposition de l'administration des Ambulances de la caserne, et qui a gratuitement coupé les cheveux et fait la barbe aux malades et aux blessés pendant tout leur séjour à l'ambulance.

Lors du blocus de Paris, les communications avec une grande partie de la France étant interrompues, M. le Ministre de l'intérieur et de la guerre donna (25 décembre 1870) l'ordre au Maire de Boulogne d'établir des ambulances pour 2,000 blessés.

Cet ordre fut transmis le 5 janvier 1871 par l'autorité supérieure au Maire.

Le comité de l'ambulance des Casernes fut aussitôt chargé par M. *Henry*, maire, de trouver, de concert avec l'Administration, des locaux nécessaires.

Et l'on fit répartir, ainsi qu'il suit, le nombre des lits demandés :

Hôpital, rue St-Louis 100
Anciennes Casernes 550
Casino.. 150
Ancienne filature (1)....................... 200
Gare aux marchandises (2).................. 1.000

Total...... 2.000

Le nombre des malades et blessés n'ayant jamais excédé mille, l'Hôpital, les Casernes, le Casino et la Filature en reçurent seuls. La Gare fut préparée, mais non meublée.

Le château de *Marlborough* fut loué et disposé peu de temps après, par les soins de l'Administration municipale, pour recevoir les varioleux. Les frais de location et d'installation furent supportés par la caisse des ambulances (3).

L'ambulance des Casernes ainsi que les ambulances de la Filature et du Casino répondirent admirablement à leur but sous le rapport de la salubrité, de la distribution des services, de l'aménagement intérieur et des soins donnés à leurs habitants. L'œuvre des ambulances mérita d'être complimentée en fort bons termes par M. *Boulogne*, chirurgien-major, inspecteur des hôpitaux du Nord.

----

(1) L'ancienne filature fut requise à cette fin par le Maire le 3o janvier 1871.

(2) A la date du 4 janvier 1871, l'intendant militaire en résidence à Calais, M. *Matis*, requérait le chef de gare de mettre à sa disposition, pour être convertis en ambulance provisoire, tous les locaux qui pouvaient être affectés à cet usage.

(3) Le château de *Marlborough* fut disposé pour recevoir les varioleux. afin de ne pas communiquer la maladie contagieuse aux blessés. A cette époque, les cas de variole étaient nombreux à l'hôpital, et quelques uns s'étaient même déclarés à l'ambulance des anciennes casernes. M. Biencourt, médecin, attaché depuis quelques années comme pharmacien à l'Hospice de Boulogne, fut spécialement chargé du service de la succursale de Marlborough; et il s'acquitta de cette mission avec un zèle et une activité soutenus.

Plus tard, M. *Wurtz*, membre de l'Institut, Doyen de la Faculté de médecine de Paris, envoyé comme inspecteur par le Gouvernement, rendit ainsi justice à leur organisation :

« Les ambulances de Boulogne — dit-il à M. le Pré-
» sident — sont les mieux installées de toutes celles que j'ai
» vues dans le Nord, y compris celles de Lille. Vos ambu-
» lances sont parfaites et je vais vous envoyer des blessés
» qui devront guérir ici, dans vos petites salles bien dis-
» posées. »

Rendons justice à qui justice est due !

L'installation, la distribution et l'aménagement sont l'œuvre de MM. les docteurs *Ovion* et *Filliette*.

Le Comité des Ambulances s'est conformé en tous points aux indications de ces messieurs.

Dans les premiers jours de septembre, la *Société nationale anglaise de Secours aux malades et blessés de la guerre*, fondée à Londres sous la présidence du lieutenant-colonel *lord Lindsay*, ayant demandé à établir un dépôt à Boulogne, pour le continent, le comité des ambulances, sur l'invitation de M. le Maire, s'empressa d'établir un bureau et un magasin, mis aussitôt à la disposition de cette Société.

Un comité d'exécution, présidé par le *major-général sir Vincent Eyre* et dont étaient membres MM. *the honourable lieutenant-colonel R. F. Handcock, John Blundell, H. Melville Merridew* (1), *Théodore Galton, captain Windsor*

---

(1) La ville a décerné à M. MERRIDEW une médaille d'honneur en argent, en reconnaissance de ses nombreux et dévoués services dans les ambulances. Nous rappellerons ici en quels termes émus M. le Maire de Boulogne se fit, en ces circonstances, l'interprète des sentiments de tous :

« *Boulogne, le 7 février 1872.*

» *A Monsieur MERRIDEW, libraire, rue de l'Ecu,*
» *à Boulogne-sur-mer.*

» MONSIEUR,
» Avec un dévouement absolu, vous avez bien voulu mettre à la dis-

Cary-Elwes, *Marck Seton Synnot*, *John Malam*, *Richard Neave*, eut pour secrétaire M. *V. J. Vaillant*.

Les quantités de draps, couvertures, liuge, vêtements,

» position de nos soldats blessés vos soins, votre temps, vos forces et
» tout votre cœur.

» A la création de la *Société nationale anglaise* (août 1870), vous êtes
» devenu l'un des membres de cette œuvre éminemment utile et qui
» rendit tant de signalés services aux victimes de la guerre.

» En cette qualité, et dès le 16 septembre 1870, c'est-à-dire quelques
» jours seulement après le désastre de Sedan, et alors que l'invasion
» prussienne allait directement menacer nos contrées, vous vous mîtes
» en route pour visiter les ambulances créées pour recevoir les blessés
» des récents combats.

. » Vous vous rendîtes successivement à Rue, à Abbeville, à Amiens,
» à Arras, à Douai, à Lille, à Cambrai, à Avesnes, à Maubeuge, à
» Hirson, à Charleville, à Mézières, à Sedan, à Bazeilles, à Donchéry,
» à Valenciennes, à St-Omer, etc.

» Dans chacune de ces localités, accompagnée tantôt d'un ami, tantôt
» de deux, vous voulûtes vous rendre compte de la situation de nos
» blessés et des asiles préparés pour les recevoir. Partout vous avez
» laissé, avec de bonnes et réconfortantes paroles, des témoignages pré-
» cieux de la sympathie que nos malheurs avaient inspirée à nos voisins
» d'Outre-Manche.

» Sans vous décourager un instant par les obstacles que vous rencon-
» trâtes sur votre chemin, en raison de l'état de plus en plus difficile
» des communications, vous êtes allé résolument frapper à toutes les
» portes, donnant ici des médicaments ou des linges, des vêtements, des
» couvertures, etc. ; là, des douceurs aux pauvres soldats qui gisaient
» mutilés sur leur lit de souffrance et dépensant, auprès d'eux, toute
» votre âme.

» Après avoir ainsi *de visu* apprécié les besoins, et sans plus tarder,
» vous faisiez adresser ou vous remettiez, si vous les aviez avec vous,
» bien des objets réclamés par le service des ambulances.

» Votre activité fut sans bornes comme votre dévouement fut sans
» limite.

» De retour à Boulogne, vous vous êtes occupé personnellement des
» mille détails indispensables pour assurer la bonne organisation des
» ambulances que nous projetions d'y établir.

» Vous devîntes, dès-lors, et vous êtes resté pour nous, pendant toute
» cette période, un auxiliaire intelligent, courageux et persévérant. Vous
» volâtes en quelque sorte partout où il y avait du bien à faire ou seule-
» ment à tenter. Souvent même vous vous êtes absenté encore, soit

ınstruments de chirurgie, médicaments, comestibles, boıs-
sons cordiales, tabacs, etc., etc., donnés avec la générosité
anglaise bien connue, par les membres de ce Comité, aux

» pour assurer un service régulier ou une distribution plus diligente des
» subsides alloués par la Société nationale.

» A Boulogne, vous n'aviez ni repos ni trève.

» Négligeant vos affaires, vous n'aviez qu'une préocupation : celle de
» porter à nos chers blessés les secours les plus prompts et les mieux en
» rapport avec leur position.

» Vous vous êtes multiplié pour accomplir la plus grande somme de
» bien possible.

» Vivement affligé des revers inouis qui accablaient notre patrie, vous
» voulûtes, dans votre sphère, essayer au moins d'adoucir un peu les
» maux sous l'étreinte desquels elle ployait.

» Et nous vous avons vu, pendant plus de six mois, toujours à l'œuvre,
» toujours le même, dans votre remarquable et touchante activité, tou-
» jours empressé, bon, serviable, généreux pour nos soldats malades
» ou blessés.

» Votre abnégation fut entière.

» Vous ne vous êtes point épargné pour nos soldats tombés sur les
» champs de bataille.

» L'Administration municipale de Boulogne a voulu remplir un de-
» voir en reconnaissant une aussi belle conduite par l'offre qu'elle vous
» fait d'une médaille en argent destinée à en perpétuer le souvenir.

» Recevez cette médaille, Monsieur, comme une bien faible expression
» de la gratitude de la ville de Boulogne, où vous avez, dès longtemps,
» conquis des droits de Cité et qui se rappellera toujours votre dé-
» vouement pendant la période lamentable que nous venons de tra-
» verser.

» Veuillez agréer, etc.

» *Le Maire de Boulogne,*

» Aug. HUGUET ».

La médaille d'honneur décernée à M. *Merridew* porte, d'un côté,
les armes de la ville de Boulogne-sur-mer ; — de l'autre, l'inscription
suivante :

A MONSIEUR

H.-M. MERRIDEW,

LA VILLE DE BOULOGNE-SUR-MER RECONNAISSANTE.

DÉVOUEMENT

A L'ŒUVRE DES VICTIMES DE LA GUERRE 1870-1871.

militaires blessés et malades et aux convalescents des ambulances de Boulogne, dépassèrent certainement une valeur de dix mille francs, en cela non-compris leurs dons à l'Hôpital de Boulogne.

Notre cœur ému par le souvenir de cette sympathie internationale ne sait comment leur exprimer la gratitude de l'œuvre qu'ils ont si généreusement aidée. Tous, président, membres, secrétaire, ont rempli noblement leur devoir. Que l'éternelle reconnaissance des malades et des blessés, qui béniront le nom de la *Société nationale anglaise*, soit leur récompense. Jamais aucune ne fut mieux méritée ! (1)

---

(1) A la date du 26 mars 1871, M. *D. Henry*, maire de Boulogne, adressait au Général Eyre la lettre suivante, qui résume, en les honorant, au nom de la population, les services rendus à l'œuvre si patriotique des ambulances par la *Société Nationale Anglaise* :

« *Général Sir Vincent Eyre*,

» Président de la succursale de la Société nationale anglaise, à Boulogne,

» Général,

» Au moment où se termine la noble mission que, de concert avec » quelques généreux gentlemen, vous avez remplie dans nos contrées, il » est de mon devoir de vous remercier du fond de l'âme de tous les » bienfaits dont nous vous sommes redevables.

» Depuis plus de six mois, je vous ai tous vus à l'œuvre.

» Toujours vous avez été à la hauteur des circonstances : soit sur les » champs de bataille , — pendant longtemps rapprochés de nos loca » lités ; soit dans les ambulances où gisaient, trop nombreuses, hélas ! les » victimes de la guerre ; — soit parmi vos compatriotes, où vous prêchiez » la cause des blessés et où vous rencontriez tant de sympathies ; par » tout, Général, vous et vos honorables collaborateurs, vous vous êtes » prodigués... Et ainsi, vous avez pu accomplir une somme de bien qui » justifie notre reconnaissance !

» A Boulogne, vous avez prêté à mon administration, à laquelle était » échue une fort lourde tâche, un concours bienveillant et constam » ment dévoué.

» Non-content de payer de votre personne, vous avez encore puissam » ment contribué aux dépenses d'organisation et aux besoins journaliers » de nos ambulances. Avec cet esprit de vraie charité, qui s'attache aux » moindres détails, parfois même à ceux qui paraissent les plus humbles,

Par arrêté du 6 février 1871, pris par M. *D. Henry*, maire de Boulogne, un comité général des ambulances fut organisé, sous la présidence de droit de ce magistrat et la présidence honoraire du *général sir Vincent Eyre*, président de la succursale de la *Société nationale anglaise*.

La présidence effective fut attribuée à M. *Ad. Crouy*, premier adjoint.

Ce comité était composé de :

1º AMBULANCE DES CASERNES.

MM. Crouy, président.

Mutuel-Fresson,
Le Roy-Mabille,
Faverot,
Marmin-Pamart,
Lipsin,
Dr Ovion,

} conseillers municipaux.

» vous vous êtes ingénié, en toute circonstance, à soulager nos chers
» blessés et à rendre leur position moins pénible.

» Soyez-en mille fois remercié, Général, vous et tous les cœurs géné-
» reux qui ont pris part à cette œuvre éminemment chrétienne et digne
» de notre admiration.

» Vous avez fait plus : ne considérant pas encore comme suffisants
» tant de services rendus à notre malheureuse patrie, vous avez, il y a
» peu de jours, ajouté à tous vos bienfaits le don inestimable de se-
» mences destinées à épargner les horreurs de la famine aux contrées
» ravagées et ruinées par l'ennemi.

» Au nom de mes concitoyens, Général, permettez-moi de vous ex-
» primer toute la gratitude que de tels actes nous inspirent, et de vous
» prier d'être auprès de vos honorables collaborateurs l'interprète de nos
» sentiments.

» La ville de Boulogne en conservera le meilleur et le plus touchant
» souvenir.

Veuillez agréer, etc.

« *Le Maire de Boulogne,*

» D. HENRY. »

MM   *Dr Filliette.*
Th. Hamy, ancien pharmacien.
Evrard, pharmacien.
E. Dutertre, pharmacien.
Allaud, officier comptable.

2º AMBULANCE DE L'ÉTABLISSEMENT DES BAINS.

MM. *Aug.* HUGUET, adjoint au maire, président.
de Lédinghen,
Alf. Hulleu,
Carlier-Guilmant,   } conseillers municipaux.
Delattre-Gin,
Mantée, propriétaire.
Lefebvre-Senéca, propriétaire.
Martini, avocat.
Berson, propriétaire.
Chabrier,   id.
Barilliet,   id.
Capt. Campbell, rentier.
Capt. Webster Wedderburne, rentier.
Georges Stone, rentier.
Manners, rentier.
Merridew, libraire.
Izambart fils.

Médecins : MM. les docteurs *Livois* et *Guerlain*.

3º AMBULANCE DE L'ANCIENNE FILATURE.

MM. *Camille* BAIGNOL, adjoint au maire, président.
Léon Lesage,
Achille Dutertre,   } conseillers municipaux.
Alfred Dubout,
Capt. Larché, administrateur de l'Hospice.
Em. Hénin,   id.

Médecins : MM. les docteurs *Flour* et *Bourgain*.

1º AMBULANCE DES ANCIENNES CASERNES.

L'ambulance des Casernes pouvait, dès le 1er octobre, recevoir des blessés. Le Comité adressa plusieurs demandes, par l'entremise de M. *C. Lagache*, sous-préfet, et de M. *D. Henry* maire, à M. le Général de division, à M. l'Intendant militaire, à Lille, et à M. le Sous-Intendant, à Calais, afin d'en obtenir. Plusieurs convois de blessés furent dirigés sur Boulogne, mais le chemin leur fut fermé par l'ennemi. Ce ne fut que le 4 octobre, et par suite d'un accident de chemin de fer, que dix-huit blessés du 20e bataillon de chasseurs à pied furent reçus à l'ambulance.

Les blessés n'arrivant pas, l'ambulance fut, par deux fois, démeublée, pour recevoir les gardes-mobiles de la Somme et du Pas-de-Calais et la compagnie des francs-tireurs de Boulogne. Tous ces soldats furent couchés dans les salles, d'abord sur de la paille, et ensuite sur des paillasses avec des couvertures ; et si, dans ces circonstances, par le feu des pipes, le gaz et les poëles, nous n'avons pas eu d'incendie à déplorer, c'est grâce au dévouement du concierge *Duriez*, qui ne se couchait qu'à deux ou trois heures du matin, lorsque tous les feux étaient éteints.

Dans la séance du 28 décembre 1870, le Comité délégua M. *Allaud*, notre comptable, pour aller à Lille prendre une évacuation de blessés ; mais, par suite d'un contre-ordre émané de l'Intendant, il dût s'arrêter à Calais.

Les premiers blessés arrivèrent de Maubeuge le 31 décembre. Les évacuations qui eurent lieu, de cette date au 31 mars 1871, sont de 595 pour l'ambulance des Casernes ; en outre, 150 à 160 malades ou blessés, en passage à Boulogne, ont été retenus pour s'y reposer pendant deux ou trois jours ; ils y ont reçu tous les soins qu'exigeait leur triste situation ; et, au départ, chacun toucha un secours.

Résumé des Entrées et Sorties de l'Ambulance des Casernes :

Entrées . .	Malades.	376		
	Blessés	219	}	595

Malades guéris. 375

Blessés guéris . . . . 218 } 595

Décédés 2

Trois des blessés ont été amputés.

Parmi les blessés, plusieurs étaient atteints de scorbut, de fièvre, de variole et de phthisie.

Le service médical et pharmaceutique fut fait avec un soin et un zèle de tous les instants. Lors de l'arrivée d'un convoi de blessés, même la nuit, tout le service était en permanence : soins, cordiaux, médicaments et pansements, suivant les besoins, étaient donnés immédiatement à nos malheureux soldats. C'est grâce au dévouement du service médical que l'ambulance de la Caserne n'a eu à déplorer que deux décès par phthisie.

Le service médical de l'ambulance de la Caserne a été fait, d'abord, par MM. les docteurs *Ovion* et *Filliette,* puis, au 31 décembre, par MM. les docteurs *Ovion, Filliette, Flour, Cazin* et *Sauvage.* Deux des membres du Comité étaient de service à tour de rôle.

2° AMBULANCE DU CASINO.

L'ambulance du Casino, sous la présidence de M. *Auguste Huguet,* alors adjoint au maire, fut ouverte et meublée en très-peu de jours. Les 140 lits nécessaires furent prêtés généreusement par les maîtres d'hôtel de la ville.

Un comité de dames patronesses fut installé, le 21 janvier 1871, par M. *D. Henry,* maire, qui prononça, à ce sujet, un discours qui résumait les circonstances au milieu desquelles l'ambulance était créée (1).

---

(1) Voici ce discours :

« Mesdames,

» Quand mon honorable précédesseur faisait, au début de la terrible
» guerre que nous subissons, appel au dévouement et au sentiment
» de générosité et de patriotisme de ses concitoyens, il était loin, comme
» beaucoup d'entre nous, de prévoir le nombre et l'étendue des sacri-
» fices auxquels notre malheureux pays devait être condamné, et quand,
» répondant à son appel, chacun en la mesure de ses forces et dans la
» limite des besoins prévus, mettait à la disposition de l'Administration
» municipale les objets destinés à l'organisation de son ambulance, il
» pouvait espérer, avec ce qu'il avait alors recueilli, pourvoir à toutes les
» éventualités. Et parmi les citoyens dévoués et les dames charitables
» qui s'offraient à l'aider dans son œuvre, il pouvait croire qu'il n'aurait
» qu'à choisir.

» Ce n'était, hélas ! qu'une illusion aujourd'hui cruellement trompée.

» La France était destinée à des épreuves sanglantes et inouïes, dont
» il y a peu d'exemples dans l'histoire ; et il faut croire que nous som-
» mes un peuple bien-aimé de Dieu, si ce sont ceux qu'il aime le plus
» qu'il châtie le plus fortement pour les punir de leurs fautes et les rendre
» meilleurs.

» Pour moi, je le crois et je dois le croire, car, si je ne me trompe,
» les maux qui nous frappent, ce ne sont bien que des épreuves : ce n'est
» pas notre fin.

» Quand notre courage grandit avec notre malheur, quand notre
» instinct chevaleresque ne se dément pas en face de cruautés sauvages ;
» quand, oubliant notre vie de bien-être, de plaisir et de luxe, nous
» nous reprenons à toutes les vertus viriles qui font la fierté du carac-
» tère et la grandeur des nations, j'ai le ferme espoir que nous ne devons
» pas périr.

» J'ai ce ferme espoir surtout, quand je vois nos mères, nos épouses,
» nos sœurs, oubliant sans regret, elles aussi, ces frivolités mondaines
» auxquelles on avait trop habitué leur existence, se sentir toutes pré-
» parées pour tous les dévouements sérieux, pour tous les efforts pé-
» nibles, ne reculant devant aucune charité à faire, aucune misère à
» secourir.

» Dans les dures nécessités que nous fait la guerre, c'est à ces qua-
» lités qui font votre force et votre charme que nous devions faire appel.
» Ce sont ces vertus que nous devions mettre en œuvre, pour concourir
» avec nous, en y prenant la part principale, au soulagement de nos
» pauvres soldats frappés par l'ennemi.

Les paroles du chef de l'Administration municipale furent vivement senties et approuvées dans l'auditoire.

» La guerre s'est rapprochée de nous, notre première ambulance avec
» ses ressources matérielles et son personnel si dévoué, ne peut plus
» être suffisante ; Boulogne peut être appelé à recevoir 2,000 blessés, et
» les combats acharnés de chaque jour nous les préparent, hélas ! pour
» un avenir trop prochain.

» Il fallait donc pourvoir à la création de nouvelles ambulances ; il nous
» fallait nous assurer, après l'installation matérielle, le concours de cœurs
» dévoués et charitables, pour que les soins moraux, les consolations, les
» petites douceurs mêmes, ne manquassent point aux malheureuses
» victimes de la guerre.

» Vous nous étiez suffisamment indiquées, Mesdames, par la connais-
» sance que nous avions du bien que vous avez l'habitude de répandre
» autour de vous, pour n'avoir pas à chercher longtemps.

» Vous avez bien voulu répondre à notre appel, et nous étions con-
» vaincus que c'était devancer votre désir à toutes, que de prier d'occuper
» la présidence de votre Comité, la digne et noble femme dont les senti-
» ments de charité égalent la position et la fortune. Comme vous, elle
» a bien voulu accepter la mission d'abnégation et de sacrifice à laquelle
» nous vous avions conviées. Recevez-en nos remerciements bien sin-
» cères et permettez-moi aussi de remercier M. *Auguste Huguet*, le
» collaborateur et l'ami qui a eu la bonne fortune d'aller recueillir de
» vous votre première promesse ; à qui vous serez et qui vous sera d'un
» concours si précieux.

» Il fera avec vous ce que fait déjà, à l'Ambulance des Casernes, notre
» excellent et dévoué collègue M. *Adolphe Crouy* ; et vos efforts com-
» binés auront, ainsi que ceux de vos commissaires, je n'en doute pas,
» le même succès.

» Viennent également s'associer à votre œuvre, comme le font déjà,
» sur un autre point, leurs dignes émules de St-Vincent-de-Paul, les
» sœurs religieuses de l'ordre du Bon-Secours. Vous savez, du reste,
» avec quel zèle et quelle abnégation elles sont dévouées à soulager les
» souffrances : devoir, sentiments, expérience, vous trouverez en elles
» tout ce qui pourra aider à l'accomplissement de votre haute et géné-
» reuse mission.

» Si nous étions dans d'autres circonstances, et si c'était pour un autre
» objet, je vous dirais que je suis heureux de l'honneur qui m'est fait
» d'installer votre Comité : qu'il me suffise de vous dire que j'en suis pro-
» fondément touché.

» C'est l'ambulance de l'Établissement qui est appelée, après les Ca-
» sernes, à recevoir les pauvres blessés évacués sur Boulogne. Malheu-

Déférant immédiatement au désir formulé par M. le Maire, les Dames patronesses se divisèrent en quatre sous-comités distincts, afin d'entrer sans délai en fonctions.

Par suite, le Comité fut ainsi composé, avec ses subdivisions :

PRÉSIDENTE : Mme la *baronne Salomon de Rothschild*, hôtel de la Marine.

1re SECTION.

Lingerie affectée à l'Ambulance.

Mme la *comtesse de Morgan*, hôtel de la Marine.

Mlle *Fitz-Williams*, hôtel de la Marine.

Mmes *Ansart-Rault*, 10, place Navarin.

Constant Lagache, 11, rue des Vieillards.

Giraudeau, 14, rue d'Assas.

2me SECTION.

Vêtements destinés aux blessés.

Mmes *Jules Lebeau*, 75, rue de l'Ecu.

Lorel-Lebeau, id.

Martini, 8, quai des Bains.

de Lisle, 14, rue d'Assas.

3me SECTION.

Alimentation (surveillance du personnel chargé de ce soin).

Mmes *de Lédinghen*, 1, rue St-Jean.

Alfred Hulleu, 11, rue St-Jean.

Cousin, 107, Grande-Rue.

Clements, 72, Grande-Rue.

Campbell, 5, rue de Belterre,

» reusement le temps presse. L'ennemi ne nous fait point de loisir. Vous
» me permettrez donc, Mesdames, de ne point dérober davantage à la
» misère et aux souffrances les instants que vous consacrez si pieuse-
» ment à les secourir et de vous quitter avec la ferme confiance que
» vous êtes à la hauteur de la sainte mission dont vous allez vous répar-
» tir les charges. »

4me SECTION.

Inspection des salles et soins aux blessés.

Mmes la *comtesse d'Imécourt*, hôtel des Bains (n° 5).

la *comtesse de Saulcy*, 5, rue d'Alger.

Sergent, 1, rue du Château.

Auguste Huguet, 8, rue du Pot-d'Etain.

Le Comité administratif de l'ambulance du Casino se composa comme suit :

MM. *Auguste Huguet*, adjoint, président, ordonnateur des dépenses, 8, rue du Pot-d'Etain.

Spiers, trésorier (1), chargé de la centralisation de la comptabilité générale, à l'Etablissement des Bains.

1° Comptabilité des effets militaires.

MM. *Delattre-Gin*, conseiller municipal, 5, rue de la Porte-des-Dunes.

Lefebvre-Senéca, 2, Grande-Rue.

Barilliet, 31, rue Siblequin.

Merridew, 60, rue de l'Ecu.

2° Comptabilité des objets d'alimentation et surveillance du personnel chargé de ce service.

MM. *Gustave de Lédinghen*, conseiller municipal, 6, rue de Pressy.

Manners, 39, rue de Bréquerecque.

Chabrié, 95, Grande-Rue.

Georges Stone, 85, rue de l'Ecu.

3° Comptabilité des objets de literie, objets divers prêtés à l'ambulance, rédaction des états de situation exigés par l'Intendance militaire, correspondance des blessés.

MM. *Carlier-Guilmant*, conseiller municipal, 19, rue du Jeu-de-Paume.

____

(1) Nous devons ici une mention particulière à M. *Spiers*, directeur de l'Etablissement, et à Mme *Spiers*, pour les soins infinis et dévoués qu'ils ont donnés à l'œuvre.

Mantée, 29, rue Basse-des-Tintelleries.
Berson, 107 bis, Grande-Rue.
Izambart fils, 49, rue de l'Ecu.

4º *Surveillance générale des salles des blessés.*

MM. *Hulleu*, conseiller municipal, 11, rue St-Jean.
Martini, 8, quai des Bains.
Capt. Campbell, 5, rue de Belterre.
Capt. Wedderburn, 86, rue de la Paix.

La souscription faite par les membres de l'ambulance s'est élevée à la somme de 10,291 fr. 75 c.

le 1ᵉʳ février, l'ambulance était prête à recevoir cent blessés ; quinze jours plus tard, elle aurait pu doubler ce nombre, si les circonstances l'avaient exigé.

L'aspect de tous les lits et de leurs accessoires, placés dans la grande salle de bal, les salons, etc., avec les blessés. entourés de dames patronesses, était tout à la fois touchant et grandiose !

L'ambulance du Casino a reçu, le 7 mars 1871, cent blessés, qui n'y sont restés que sept jours : la ville de Boulogne ayant besoin de l'Etablissement, les cent blessés ont été évacués sur les autres ambulances, qui avaient des lits disponibles (1).

---

(1) M. *Aug. Huguet*, adjoint, président de l'ambulance de l'Etablissement des bains, adressa, peu de jours après l'évacuation de cette ambulance, le rapport suivant à M. le Maire :

« *Monsieur D. Henry, maire de la ville de Boulogne-sur-mer.*

« MONSIEUR,

» Au mois de janvier dernier, vous m'avez confié le soin d'organiser,
» dans les bâtiments de l'Etablissement des bains, une ambulance desti-
» née à recevoir 200 à 250 blessés. Le 21 janvier, vous installiez le Comité
» des Dames patronesses qui avaient bien voulu prêter leur concours à
» cette œuvre humanitaire et patriotique, et, le 1ᵉʳ février suivant, l'Am-
» bulance était prête à recevoir 100 blessés. Quinze jours après, elle
» aurait pu en recevoir le double, si les circonstances l'avaient exigé.

3° AMBULANCE DE LA FILATURE.

L'ambulance de la Filature, sous la présidence de M. *Baignol*, adjoint, a été ouverte le 7 mars 1871 et fermée le

---

» Je tiens à vous rendre compte, Monsieur le Maire, de ma gestion,
» et à vous faire connaître l'emploi des fonds que j'ai pu réunir pour
» mener à bonne fin, selon votre désir, cette œuvre de bienfaisance
» envers nos malheureux compatriotes.

» Grâce au patronage des personnes charitables dont la coopération
» m'a été si utile, les sommes recueillies, spécialement affectées à l'am-
» bulance de l'Etablissement, se sont élevées à 7.885 75

» La première série des 1,000 billets de la tombola tirée
» au profit de l'œuvre a produit. . . . . 1.000 »

» La deuxième série, tirée une quinzaine de jours après la
» première, a donné. . . . . 1.050 »

» Les recettes provenant des entrées et des plateaux se
» sont élevées à . . . . 356 »

Total des recettes. 10.291 75

» Les dépenses se divisent de la manière suivante, conformément au
» tableau que je vous adresse :

» 1° Travaux d'installation et d'appropriation 1.879 73
» 2° Achat d'objets de matériel, ustensiles divers . . . 345 25
» 3° Acquisition de 400 paires de draps de lits (petits et
» grands), à 11 fr. 35 la paire 4.511 10
» 4° Acquisition de toile et calicot pour chemises, mou-
» choirs, bonnets de coton, etc. 972 15

» Frais généraux, alimentation, chauffage, éclairage et frais
» divers, savoir :

» Salaires, traitements, main-d'œuvre . . . 1.353 15
» Approvisionnements de bouche et nourriture 954 40
» Chauffage et éclairage 306 75
» Fournitures diverses, livres, registres, af-
» fiches et imprimés 258 90

» Soit. 2.873 20

» Total des dépenses. 10.611 43

» La valeur du matériel disponible, suivant inventaire. 6.857 90

» Dépense réelle à imputer à l'ambulance. 3.753 53
» L'excédant sur la recette est de. 6.538 22

» Somme égale à la recette. 10.291 75

ı5 mai suivant. Elle a reçu 72 blessés, dont un seul est décédé. Tous les lits de cette ambulance ont été fournis par Mme *Vickers*, qui, en outre, a généreusement donné

» La situation favorable que je vous présente est due, ainsi que vous
» vous l'avez constaté dane les visites que vous avez faites à l'ambu-
» lrnce, au concours généreux des habitants de la ville, des résidents et
» des autres personnes de la localité qui nous ont offert, spontanément,
» une grande partie des objets en matériel, ustensiles et approvision-
» nements de bouche qui ont diminué les frais généraux d'entretien et
» de nourriture.

» Suivant le décompte que j'ai fait faire, la nourriture des blessés et
» celle du personnel de l'ambulance se monte. en moyenne, par homme
» et par jour, à 1 fr. 35 9/10, savoir :

» Bœuf, mouton, charcuterie : dépense totale	479 40
» Pain : dépense totale.	153 80
» Bière : id.	27 50
» Epiceries, liquides alcooliques : dépense totale	177 50
» Légumes : dépense totale	58 15
» Lait : id.	16 20
» Divers : id.	41 85
Total.	954 40

» ou 9 fr. 59 par homme pendant sept jours.

» Je joins à ma lettre les registres et pièces justificatives de mes
» dépenses.

» Veuillez agréer, Monsieur le Maire, avec l'assurance de ma haute
» estime, l'expression de mes meilleurs sentiments.

» Le Président du Comité de l'Ambulance,

» Aug. HUGUET.

» Boulogne-sur-mer, le ı4 avril ı871.

Le 27 avril ı871, l'Administration accusait réception en ces termes du rapport de M. Huguet :

« A Monsieur Aug. Huguet, adjoint au maire de Boulogne.

» Monsieur et cher Collègue,

» J'ai lu avec un bien vif intérêt le rapport que vous m'avez adressé
» sous la date du 14 de ce mois, au sujet de l'organisation et de la tenue
» de l'ambulance que nous avions créée à l'Établissement des bains
» pour nos soldats blessés.

2,000 francs, pour contribuer à l'installation. C'est Mme *Vickers* qui a rempli, avec Mme *Auguste Huguet*, Miss *Roupell*, Mme *Livois* (1) et plusieurs autres dames anglaises, avec une charité et un zèle remarquable, les fonctions de sœurs de charité.

Le Conseil municipal, reconnaissant le dévouement de Mme *Vickers*, lui a décerné une médaille d'honneur, sur la motion de M. Baignol adjoint (30 mai 1871) (2).

» Ce document témoigne de votre excellente gestion de cette œuvre » patriotique, et de l'impulsion si bonne, à tous égards, que vous avez » su lui imprimer.

» Au nom de l'Administration municipale et de nos concitoyens, » dont vous avez si bien rempli les vœux, je vous en exprime, mon cher » collègue, les remerciements les plus vifs.

» Votre cœur, uni à votre esprit méthodique et ferme, vous a mis à » même d'accomplir une bonne action.

» Vous avez, en même temps, donné, en ces circonstances, une » nouvelle preuve de vos sentiments patriotiques et charitables.

» Merci donc, cher collègue, merci.

» Veuillez agréer l'expression bien cordiale de mes meilleurs sentiments.

> » *Le premier adjoint, faisant par interim les*
> » *fonctions de maire de Boulogne,*
>
> » A. CROUY. »

(1) Dès les premiers jours où des soldats blessés ont été attendus ou envoyés à Boulogne, Mme *Livois*, avec le concours de quelques dames, s'était fait un devoir d'organiser les secours aussi liberalement que possible : elle a généreusement continué sa charitable tâche jusqu'après la guerre.

Nous pouvons, en même temps que le nom de Mme *Livois*, citer ici également, pour la part active qu'elles ont bien voulu prendre à cette œuvre sympathique, Lady *Eyre*, Mrs *Close*, Mrs *Hendy Smith*, Mlle *Livois*, Miss *Hawkins*, Miss *Ada Crampton*, Mlle *Juliette Fabas*, Miss *A. Tomkinson*, Miss *Simpson*, Miss *Agnès Simpson*.

(2) Cette délibération est ainsi conçue :

« Avant que le Conseil se sépare, M. *C. Baignol-Lebeau* demande à » présenter à l'assemblée la proposition ci-après :

« Le soussigné, membre du Conseil municipal de Boulogne-s/mer,

Médaille bien méritée, en effet. Mme Vickers, femme du monde et étrangère, a soigné, pansé, nourri nos blessés

---

» A l'honneur de déposer la proposition suivante :

» Considérant que Mme *Vickers*, l'une de nos plus honorables » résidentes, se dévoue spontanément, depuis bien des années déjà, » aux œuvres de charité avec un zèle qui ne s'est jamais mieux ac-» cusé que dans les circonstances graves où un fléau, une calamité » publique venait s'abattre ou sévir sur notre ville ;

» Qu'ainsi, en 1866, Mme *Vickers* a prodigué des soins personnels » et des secours aux cholériques dans les quartiers les plus atteints » par l'épidémie; qu'elle ne s'est accordée aucun repos pendant tout » le temps que le fléau a exercé ses ravages ;

» Considérant que depuis plusieurs mois, avec une abnégation » complète et une générosité sans limite, Mme Vickers s'est donnée » elle-même à une œuvre à tous égards digne de nos plus vives » sympathies : celle des soins à porter à nos braves soldats, tombés » en combattant l'invasion étrangère sur le sol français;

» Qu'elle entourait de ses attentions les plus entières ceux de nos » blessés qui étaient le plus gravement atteints ou dont les plaies » exigeaient des soins immédiats ou permanents ;

» Qu'à cette noble et sainte mission, accomplie volontairement, » sans ménagement pour elle, Mme Vickers a consumé ses forces et » contracté une grave maladie qui a mis quelque temps sa vie en » danger ;

» Qu'à cette conduite si digne d'éloges ne s'est point bornée l'ac-» tion de Mme Vickers ;

» Qu'elle a voulu, de ses propres deniers, contribuer, pour une » large part, à la création, à l'organisation et à la marche de l'ambu-» lance de l'ancienne Filature, dont le comité d'administration était » présidé par le soussigné ;

» Qu'à tous ces titres donc, Mme Vickers a bien mérité de la ville » de Boulogne ;

» Le soussigné,

» Propose au Conseil municipal de vouloir bien décider qu'une » médaille d'honneur en or sera décernée à Mme Vickers, au nom de » la ville de Boulogne-sur-Mer, en commémoration et en témoi-» gnage de reconnaissance des services signalés qu'elle a généreuse-» ment rendus, pendant la durée de la guerre 1870-1871, et depuis, à » nos soldats blessés sur les champs de bataille.

» BAIGNOL.

» Boulogne-sur-mer, le 29 mai 1871. »

avec une bonté, un soin et des précautions infinies qui ont
touché et charmé tous ceux qui ont pu la voir à l'œuvre et

» La lecture de cette proposition est suivie d'applaudissements pro-
« longés dans l'assemblée.

» De tous côtés, on demande à aller aux voix.

» *M. le Maire* dit que les applaudissements qui accueillent la propo-
» sition et qui témoignent des sentiments du Conseil municipal auront
» de l'écho partout en ville. La vie de Mme Vickers est toute de dévoue-
» ment et d'abnégation. Cette noble dame ne recule devant aucune dif-
» ficulté lorsqu'il s'agit d'une bonne œuvre à accomplir, d'une souffrance
» à soulager.

» M. *Lagache* dit que Mme Vickers a une vie admirable de dévoue-
» ment.

» — Votons par acclamations, — ajoute M. le Dr *Ovion*.

» De nouveaux applaudissements répondent à cette motion.

» Consulté par M. le Maire, le Conseil municipal, à l'unanimité des
» voix et par acclamations, adopte la proposition de M. Baignol, et la
» convertit en résolution ou délibération de l'Assemblée.

» M. *Lagache* propose de signaler au Pouvoir Exécutif la belle con-
» duite de Mme Vickers. Pour sa part, l'honorable membre saluerait
» avec le même respect le ruban rouge sur la poitrine de Mme Vickers
» que sur celle de nos soldats.

» Le Conseil partage unanimement cet avis.

» Il prie M. le Maire de vouloir bien, dès demain, porter la résolution
» de l'Assemblée à la connaissance de Mme Vickers. »

Avis de cette délibération fut, dès le lendemain, officiellement donné en
ces termes à Mme *Vickers* :

« Boulogne-sur-mer, le 31 mai 1871.

» *A Madame Vickers.*

» Madame,

» Dans sa séance d'hier soir, le Conseil municipal a voté d'acclama-
» tions, et à l'unanimité des voix, la résolution suivante que lui avait
» proposée mon honorable et excellent collègue et ami M. Baignol :

(Le texte de cette délibération vient d'être donné.)

» J'ai été personnellement heureux, Madame, et je me suis fait un de-
» voir de proclamer, dans l'assemblée des représentants de la cité, les
» bienfaits dont vous était redevable l'œuvre essentiellement charitable
» et sympathique à laquelle vous avez eu la bonté de consacrer vos no-
» bles et généreux efforts.

l'admirer ! Aussi les résultats ont été des plus satisfaisants, l'ambulance en trois mois n'a perdu qu'un seul malade.

Le service médical, dirigé par MM. les docteurs *Flour* et *Bourgain*, a été rempli avec dévouement.

Au fur et à mesure que le permettait l'état de santé des blessés traités dans les Ambulances, ils étaient évacués chez

---

» Le moment venu, je considérerai comme un grand honneur pour
» moi, Madame, de remettre en vos mains le témoignage de reconnais-
» sance que vous décerne la ville de Boulogne.

» Veuillez agréer, Madame, l'hommage de tous mes respects,

» *Le Maire de Boulogne,*

» Aug. HUGUET. »

Lorsque fut remise à Madame *Vickers*, alors à Paris, la médaille d'honneur que lui avait décerné le Conseil municipal, M. *Ansart*, l'un des membres de l'assemblée, qui avait bien voulu se charger de cette mission, accompagna la remise de la médaille de la lettre suivante :

« *Boulogne-sur-mer, le 5 mars 1872.*

« A Madame Vickers, 63, rue de Rome, Paris.

» Madame,

» Le 31 mai 1871, j'ai eu l'honneur de vous informer de la délibération
» prise la veille par le Conseil municipal, à l'effet de vous décerner, au
» nom de la ville de Boulogne, une médaille d'honneur en or, en re-
» connaissance des services signalés que vous avez généreusement
» rendus, pendant la durée de la guerre de 1870-1871, à nos soldats
» blessés sur les champs de bataille.

» Cette médaille est frappée.

» En raison de votre absence de la ville, l'Administration municipale,
» privée de l'honneur de vous la remettre ainsi directement elle-même,
» a prié l'un des membres du Conseil municipal, M. *Ansart*, de vou-
» loir bien s'en charger, à son voyage à Paris.

» M. Ansart vous exprimera de vive voix, Madame, tout ce que mes
» collègues et moi nous aurions été heureux de vous dire des sentiments
» que votre noble et généreuse conduite nous a inspiré de respectueuse
» sympathie et de gratitude.

» Désormais, votre nom est indissolublement lié, Madame, à cette
» œuvre patriotique par excellence, à laquelle nous avions voué tous
» nos efforts, à cette époque calamiteuse, encore si près de nous, et
» dont les émotions comme les devoirs resteront à toujours gravés dans
» nos mémoires.

d'honorables habitants qui avaient réclamé de l'Administration municipale cet honneur ; là, ils étaient accueillis aussi avec la plus grande sollicitude et recevaient des soins jusqu'à complète guérison. Ces blessés venaient chaque matin, à l'Ambulance de la Caserne, recevoir le pansement et la visite du médecin. Le nombre de ces blessés admis chez les habitants a été de 98.

» Vous avez été, pour les victimes tombées au champ d'honneur, une
» véritable sœur de charité, prodiguant près d'elles vos soins personnels
» les plus touchants et vos veilles les plus prolongées, dépensant vos
» forces et votre vie afin de leur procurer quelque soulagement dans
» leurs souffrances.

» Ce dévouement et cette abnégation ont été de tous les instants : vous
» les avez accompagnés d'actes de haute libéralité qui ont contribué puis-
» samment à l'organisation de l'ambulance où il nous a été donné,
» Madame, d'être les témoins de votre courage.

» La ville de Boulogne accomplit donc un devoir aujourd'hui, en vous
» décernant cette médaille commémorative de votre dévouement absolu
» à une aussi noble et si sainte cause : elle y joint, en même temps, la
» mémoire des bons soins que vous avez spontanément donnés, en
» 1866, à ceux de nos concitoyens qu'avait frappés un fléau terrible.

» Veuillez accepter, Madame, ce faible témoignage de notre recon-
» naissance et le conserver comme l'expression bien vivement sentie des
» souvenirs que vous avez laissés au milieu de nous.

» Daignez agréer, Madame, l'hommage de tous mes respects,

» *Le Maire de Boulogne,*

» Aug. Huguet. »

La médaille d'or offerte à Mme *Vickers* est d'un module de 45 $^{m}/_{m}$: elle porte, d'un côté, les armes de la ville de Boulogne, — de l'autre côté, l'inscription suivante :

A MADAME

VICKERS

LA VILLE DE BOULOGNE-SUR-MER RECONNAISSANTE.

SOINS AUX CHOLÉRIQUES (1866).

DÉVOUEMENT ET SOINS PERSONNELS AUX BLESSÉS DES AMBULANCES

(GUERRE DE 1870-1871).

DÉLIBÉRATION DU CONSEIL MUNICIPAL DU 30 MAI 1871.

Voici les noms de nos concitoyens qui les ont reçus :

MM. Ficheux, rue de l'Ecu.
    Cazin, rue du Bras-d'Or. 1.
    Clipet, rue Thurot, 1.
    Ern. Deseille, à la Halle au poisson.
    Hautin, rue du Vivier.
    Delpierre-Lecomte, rue de la Gare, 11.
Mme Lehocq, château de Capécure.
Les Dames de la Visitation.
Les Pères Rédemptoristes.
Mme Wissocq, rue des Carreaux, 1.
MM. le Directeur des Douanes, rue des Vieillards.
    Le Roy-Mabille, Grande-Rue.
    Nougnier, inspecteur des eaux et forêts.
    Banquart, pharmacien, rue Royale.
    Gournay, rentier, rue de Boston.
    Noverre, rue Siblequin, 51.
    Alph. Denempont, rue de l'Écu.
    Labrune, receveur des postes.
Les Sœurs de St-Joseph.
MM. L'abbé Wallet.
    Coustillier, Adolphe
    Vermersch, hôtel Meurice.
    de Fromessent.
    Coustillier, Jules.
    l'abbé Rémont, grand-doyen de Boulogne.
Les Dames de Bon-Secours.
MM. le baron de Gollstein, rue de la Coupe,
    le docteur Guerlain.
    Edmond Bouvet.
    Dougnac, rue Siblequin, 58.
    Sergent, avoué.
    Gustave Dubout.
    Poirel-Adam.
    Lemaire, brasseur.

MM. Léon Lesage.

Jules Petit.

Libert-Dorlencourt, 91, rue de Constantine.

Marrhem, rue de Constantine, 65.

Remy, à la filature.

Mesureur (Noé), rue de Perrochel.

Caffiers, curé de Bazinghen.

Résumé des entrées et sorties par ambulance :

VIEILLES CASERNES.

Entrées. { Malades ...... 376 } 595 | 595
{ Blessés .... 219 }

Sorties. { Malades guéris. 372 } 595
{ Blessés guéris . 218 }
{ Id. amputés 8 }
{ Id. décédés. 2 }

Plus, 150 blessés et malades convalescents, logés au moment du passage.

CASINO.

Entrées. { Malades................ » }
{ Blessés............·.. 100 }

Sorties : Malades guéris. 100

767

FILATURE.

Entrées. { Malades ...... 10 } 72 | 72
{ Blessés .... 62 }

Sorties. { Malades guéris. 71 } 72
{ Malade décédé. 1 }

Ouverture et fermeture des ambulances :

VIEILLES CASERNES : ouverte le 4 octobre 1870, fermée le 31 mars 1871.

CASINO : ouverte le 7 mars 1871, fermée le 14 mars 1871.

FILATURE : ouverte le 7 mars 1871. fermée le 15 mai 1871.

Lors de la fermeture des ambulances, deux pièces de vin, différents comestibles, du vieux linge, quelques ustensiles à l'usage des blessés furent remis à l'Hôpital, pour servir aux blessés qui s'y trouvaient encore.

De plus, une certaine quantité de médicaments (d'une valeur de 160 fr. environ), a été mise à la disposition des Administrations de l'Hospice et du Bureau de Bienfaisance.

Nous suivrons encore ici un document officiel pour rappeler la reconstitution du Comité central de secours aux blessés et aux autres victimes de la guerre.

Le 2 août 1871, M. *Aug. Huguet*, maire de Boulogne, publiait l'avis suivant :

» Le Maire de la ville de Boulogne-s/mer,

» Fait connaître aux intéressés que le Comité central établi à Boulogne, en vue de venir en aide aux blessés des armées de terre et de mer et aux autres victimes de la guerre vient d'être reconstitué.

» Il est ainsi composé :

Président : M. le Maire de Boulogne.

Vice-Présidents : MM. *Ad. Crouy*, 1er adjoint, ancien président de l'Ambulance des Casernes ; et *C. Baignol*, adjoint, ancien président de l'Ambulance de la Filature.

Membres : MM. *T. Hamy*, *D*r *Duhamel*, *Ansart-Rault*, *C. Lagache*, *D*r *Ovion* et *A. Minet*, membres du Conseil municipal, à ce désignés par cette assemblée ;

MM. l'abbé *Rémont*, grand-doyen de Boulogne ; l'abbé *Caboche*, curé de Saint-Nicolas ; *Louis Grandsire*, vice-président de l'administration de l'Hospice ; *Lipsin*, vice-président du Bureau de Bienfaisance ; *Verquère*, administrateur du Mont-de-Piété ; *Mutuel-Fresson*, administrateur de la Caisse d'Épargne.

Secrétaire : M. *Louis Bénard*, secrétaire en chef de la Mairie.

» Le Comité a son siége à la Mairie. Il statuera sur l'emploi des sommes provenant tant du reliquat des souscriptions recueillies depuis le commencement de la guerre, que de la vente du mobilier des anciennes ambulances et du remboursement des sommes dues par l'intendance militaire.

» Les personnes ou les familles qui auraient des titres à faire valoir pour obtenir du Comité une allocation sont invitées à déposer, *dès maintenant*, leur demande à l'Hôtel-de-Ville.

» Cette demande devra être formulée par écrit et accompagnée de toutes les pièces justificatives.

» Aussitôt que le Comité aura prononcé l'apurement du compte général qui lui sera rendu par son trésorier, ce compte sera porté à la connaissance du public par la voie de la presse. »

Avant d'entrer dans le détail de ce compte, il y a lieu de mentionner que le 16 février 1872, M. *Ad. Crouy*, président des ambulances, a reçu, — par l'entremise du *général sir Vincent Eyre*, — de M. le *comte de Flavigny*, président de la *Société française internationale de secours aux blessés et malades des armées de terre et de mer*, — la croix de bronze, « en raison de son fécond dévouement et des » services précieux qu'il a rendus dans l'organisation et la » direction des œuvres multiples de secours aux soldats » malades et blessés. »

Le 4 décembre 1871, dans la réunion du Comité central de secours aux blessés des armées de terre et de mer et autres victimes de la guerre, MM. *Lipsin, Hulleu, Mutuel-Fresson* et *Ad. Crouy*, chargés de la liquidation des ambulances, faisaient, dans leur compte-rendu de ce jour, entrevoir l'espoir qu'après la liquidation, il resterait une somme de 40,000 fr. disponible, qui pourrait être utilement employée au soulagement des soldats estropiés et des familles victimes de la guerre. Aujourd'hui, le comité de liquidation reconstitué et composé de MM. *Lipsin*, *Mutuel-Fresson*, *Allaud*, *Th. Hamy* et *Ad. Crouy*, vient vous rendre compte et confirmer, par un résultat supérieur, les prévisions de l'ancien comité.

Ce résultat s'élève à 42,286 fr. 97 centimes, se décomposant ainsi :

2.000 fr.	»	alloués le 4 décembre par le comité central à la *Société Anglaise*, pour acquisition de membres artificiels destinés aux militaires amputés.
1.841	50	pour secours aux soldats et familles des militaires des cantons de Boulogne.
36.877	80	pour achat de 2,200 fr. de rente 5 p. o/o sur l'État.
1.567	67	à recevoir et en caisse.

43.286 fr. 97

Ce résultat est dû à la sage lenteur apportée à la liquidation. Au début, tous les objets d'ambulances avaient peu de valeur, plus tard, ils se sont mieux vendus ; il reste encore aujourd'hui en magasin : 80 tables de nuit, dont quelques-unes ont été vendues de 15 à 60 c. l'une ; 460 cadres d'inscription, dont quelques-uns ont pu être vendus 10 c.

Dans la même séance, sur la proposition du Trésorier, le Comité central l'a autorisé à dépenser une somme de 36.000 fr. pour acheter une rente perpétuelle de 2.000 fr. 5 p. o/o sur l'État ; — profitant du moment opportun, votre trésorier a acheté 2.200 fr. de rente 5 p. o/o, qui ont coûté 36,877 fr. 80. Ces rentes, au 16 février prochain, auront donné 1,100 fr. pour le semestre et, par conséquent, n'auront coûté que 35,777 fr. 80.

Votre trésorier réclame, pour l'achat de rentes ainsi que pour les comptes qui suivent, votre approbation.

A. CROUY.

RECETTES.

Souscriptions, quêtes, fêtes, etc. :

1° Pour les familles des militaires partis pour la guerre. 42.134 35		
2° Pour la *Société Internationale aux blessés* . . . . . 2.157 »	114.995 92	
3° Pour les résidents anglais à Boulogne. 2.420 50		
4° Pour les blessés et les ambulances. 68.284 07		

Indemnité de l'État :

14 mai 1871, pour journées . . 27 50		
19 août 1871, pour militaires . . 14.303 55	14.925 45	
19 août 1871, pour marins. . . 594 40		
Vente du mobilier 12.482 25		

Intérêts des sommes déposées chez M. Achille Adam :

Au 31 décembre 1870. . . . . 1.050 55		
30 juin 1871 . . . . . . 721 85		
30 septembre 1871 , . . . 214 35	3.283 80	
31 décembre 1871. . . . . 345 20		
10 octobre 1872 . . . . . 951 85		

Remboursement de divers. 1 50

Trimestre, au 16 novembre, des rentes sur l'État . . . . 550 »

TOTAL des recettes. . . 146.238 92

Notons, pour *mémoire*, qu'une somme de 684 fr. 15 c. a été versée à notre caisse de secours aux blessés. Cette somme était le reliquat des souscriptions recueillies pour la création d'une ambulance volante, destinée aux mobilisés de Boulogne. La commission spéciale, chargée de ce soin, se composait de MM. *Jules Lebeau*, président ; *Achille Dutertre, Chabrié, Mallet* et *Dr Ern. Hamy*. Il a été

convenu entre elle et l'Administration municipale que
l'œuvre des blessés et des victimes locales de la guerre profi-
teraient de ce reliquat. Seulement, si, à une époque quel-
conque, un corps de mobilisés boulonnais ou tout autre
corps militaire analogue appartenant à notre ville, vient à
se mettre en campagne, le Comité central devra opérer le
remboursement de ladite somme de 684 fr. 15 c., déduction
faite de 110 fr. 65 c , payés à M. Evrard, pharmacien, et de
31 fr. 85 c., soldes à M. Huret-Décalonne, et ce, sur la demande de M. J. Lebeau. président. Il resterait donc à rem-
bourser, dans les conditions ci-dessus, la somme de 541 fr.
65 c.

Quant aux objets qui constituaient l'ambulance, ils ont
été déposés à l'Hospice, aussitôt après la liquidation de cette
œuvre.

DÉPENSES

*Secours aux familles des militaires, des marins, des mobiles et des
mobilisés, du 1er octobre 1870 au 1er avril 1871.*

La 1re sect., *N.-Dame*, a distribué 4.096 50		
La 2e sect., *St-Nicolas*, id. 5.668 55		
La 3e sect , *St-Vincent-de Paul* . 7.978 50		
La 4e sect., *St-Pierre* . . . . 20.418 »	42.134 35	
La 5e sect , *St-François de-Sales*. 3.561 »		
Secours donnés aux plus nécessi- teux avant la répartition. . . 411 80		

Remis, le 17 octobre 1870, à M. le comte de
Melun, président de la *Société internationale de secours aux blessés, marins et militaires* . . . . 2.157 »

Remis, le 10 septembre 1870, aux résidents
anglais, pour être distribués par eux-
mêmes 2.420 50

A reporter . . . 46.711 85

Installation des ambulances, loyers, assurances, travaux :

Report . . .   46.711 85

Casernes . . . . 4.750 10 ⎫
Casino . . . . 1.761 18 ⎪
Filature . . . . 9.971 52 ⎬   20.752 »
Gare . . . . 1.717 50 ⎪
Marlborough . . . . . . 2.551 70 ⎭

Secours à la *Société internationale anglaise,* pour membres artificiels aux militaires amputés . . . . 2.000 »
Secours en argent aux militaires pendant l'existence de l'ambulance 593 35   4.434 85
Secours aux militaires et aux familles en 1871 . . . . . . 1.841 50

Dépenses des ambulances pour mobilier, comestibles, chauffage, éclairage. salaire des sœurs et employés, vêtements, linge, blanchissage, instruments, médicaments, livres, voyages, impressions, tabacs, frais de bureau. 35.914 75

Achat de 2,200 francs de rentes 5 % (1)

Le 6 septembre 1872, souscription pour 160 fr. de rentes 2.595 20
Le 11 octobre 1872, achat de 1,840 fr. de rentes 30.918 20   36.877 80
Le 21 octobre 1872, achat de 200 fr. de rentes 3.364 40

A reporter . . .   144.691 25

---

(1) Ces titres de rentes, pris au nom du Comité central, ont été déposés par M. *Adolphe Crouy* à la Recette municipale le 26 décembre 1872, ainsi qu'en font foi le reçu de M. *Ern. Carmier*, receveur municipal, et la lettre de M. le Maire, à la même date.

Report . . .	144.691 25
A recevoir du Bureau de Bienfaisance, pour vieux linge, effets mobiliers, paillasses .	1.200 »
A recevoir de M. Ducarnoy-Guche . . .	104 55
Argent en caisse à ce jour	243 12
Total, égal aux recettes.	146.238 92

A l'appui du compte ci-dessus établi, sont annexés tous les mémoires, reçus et pièces justificatives qui devront, après vérification, être approuvés par le Comité et déposés aux archives communales.

Le Trésorier,

Ad Crouy.

Boulogne, le 20 janvier 1873.

Le Comité général des secours, après délibération, prit la résolution suivante :

Comité général

DE SECOURS AUX BLESSÉS ET AUTRES VICTIMES DE LA GUERRE

—

*Extrait du procès-verbal de la séance du
23 janvier 1873.*

M. le Maire, président, donne la parole à M. *Ad. Crouy*, trésorier, pour la lecture de son rapport ou compte général sur l'œuvre des ambulances, de celle des familles secourues au moyen des ressources recueillies et centralisées par le Comité.

Cette lecture terminée, M. le Maire félicite M. *Crouy* de l'excellent travail qu'il a bien voulu présenter, et qui fait connaître, dans ses moindres détails, l'œuvre patriotique à laquelle, depuis plus de deux ans, le Comité consacre ses soins. Il veut rendre à M. *Crouy* toute la justice qui lui est due pour le dévouement dont cet honorable membre a fait preuve, avec une infatigable persévérance, dans la conduite de services multiples où il s'est, en quelque sorte, dépensé lui-même, à un âge où il pouvait légitimement jouir du repos que lui méritait toute une carrière laborieusement remplie. Au nom du Comité, M. le Maire adresse à M. *Crouy* de bien vifs remerciements : il se fait très cordialement, dit-il, l'écho de tous en demandant que le procès-verbal de la séance constate le témoignage qu'il se fait un devoir de porter ici à cet égard.

La motion de M. le Maire est appuyée de toutes parts et adoptée à l'unanimité.

M. *Crouy* dit qu'il est bien récompensé de tout ce qu'il a pu faire, dans l'intérêt de l'œuvre, par les éloges que *M. Huguet*, maire, veut bien lui adresser : il a été heureux d'être à même de pouvoir rendre service à ceux de nos concitoyens que la guerre avait frappés et que le Comité s'est efforcé de soulager un peu.

Le Comité, après en avoir délibéré,

Vu le compte produit par son trésorier de toutes les opérations, tant en recettes qu'en dépenses, concernant l'œuvre des ambulances et des secours aux victimes locales de la guerre ;

Ensemble les pièces à l'appui ;

Attendu que toutes ces opérations sont régulières et justifiées ;

Déclare, à l'unanimité des voix, approuver le compte dont il s'agit.

Pour copie conforme :

Le Secrétaire du Comité central,

Louis Bénard.

Il y quelques mois, sur les observations fort justes d'un de ses membres, — M. HENRY, — le Conseil municipal témoignait l'intention et le désir de signaler au Gouvernement la belle conduite et le dévouement de M. *Ad.* CROUY. L'administration se ralliait de tout cœur à cette motion. D'un commun accord, il a été alors convenu que cette manifestation officielle d'un sentiment partagé par l'unanimité des membres du Conseil serait remise à l'époque où notre honorable concitoyen présenterait le compte-rendu des opérations si diverses dont il avait bien voulu se charger.

Le moment est donc arrivé de donner suite à la pensée émise, l'an dernier, par le Conseil municipal.

M. le Maire saisit avec empressement cette occasion de rappeler, devant les représentants de la cité, les titres que la ville de Boulogne peut faire valoir auprès du président de la République française pour qu'enfin l'étoile de l'Honneur soit attachée sur la poitrine d'un citoyen dont la vie entière a été consacrée à la défense des intérêts publics et à l'amélioration morale et matérielle des classes laborieuses.

Placé à la tête d'ateliers importants, les soins de M. *Adolphe Crouy* ont toujours tendu à établir, à maintenir et à développer entre les ouvriers une bonne et sérieuse harmonie. Dans les moments pénibles de chômage ou de maladie, il faisait face aux difficultés par ses vues et ses actions bienfaisantes. A diverses reprises, l'épidémie cholérique étant venu affiger et décimer notre population, M. Crouy se rendait personnellement près des ouvriers atteints par le fléau, recourait à tous les moyens que lui suggérait son amour du bien pour essayer de les sauver, ouvrant généreusement sa bourse pour y puiser les ressources de nature à épargner aux malades et à leur familles les angoisses et les poignantes étreintes de la misère. Et si la mort faisait une victime, M. Crouy se substituant, en quelque sorte, au père de famille disparu, acceptait la tutelle des enfants et ne se tenait pour satisfait que lorsqu'il avait assuré l'avenir de la mère et des orphelins.

Dans ses ateliers, M. Ad. Crouy cherchait et réussissait, en même temps, à faire naître, parmi ses ouvriers, l'esprit d'ordre et d'économie. Par ses soins, une caisse d'épargne y était créée : les ouvriers y déposaient chaque semaine une très-minime somme : 05 ou 10 c. A cette somme, formant parfois un total d'une certaine valeur relative, s'en joignait une autre d'égale importance, que M. Crouy donnait à la caisse des ouvriers. C'était là une précieuse réserve en cas d'accident, de maladie ou de tout autre évènement malheureux. Et ainsi, par ces principes de mutualité noblement inspirés par un entrepreneur qui, lui-même et chaque jour, prêchait d'exemple, la bonne harmonie s'établissait entre les ouvriers du bâtiment que M. Ad. Crouy occupait par centaines, et dont le nombre a parfois dépassé le chiffre de *mille.*

Cette institution, formé au sein des ateliers de M. Crouy, se fortifiait avec le temps qui en avait consacré et démontré la haute utilité. Mais, ce n'était point assez aux yeux de cet honorable citoyen : il voulut assurer à cette œuvre la durée et l'extension. Aussi, de concert avec un autre de nos compatriotes (M. *Le Roy-Mabille*) fonda-t-il bientôt (1840) une société de secours mutuels entre les ouvriers de la ville de Boulogne. Dès son origine, cette société rencontra de vives sympathies dans la population ouvrière, et obtint les meilleurs résultats. Elle a été reconnue, par décret du 8 septem-1856, établissement d'utilité publique. Et M. Crouy, qui n'a cessé d'en être l'âme et le soutien, en est devenu le président élu. La Société de Secours Mutuels, qui compte actuellement 298 membres participants et 115 membres bienveillants, vient en aide à plus de 1,500 personnes.

Et quand vint pour lui le moment de la retraite, — après quarante ans de travaux, — M. Crouy ne voulut point demeurer, pour cela, dans l'inaction et le repos. Porté au Conseil municipal, lors des élections de 1860, il devint, l'année suivante (mai 1861), membre de cette administration laborieuse et active, qui avait pour chef M. B. Gosselin. Comme adjoint au Maire, M. Crouy avait plus spécialement dans ses attributions la surveillance des travaux publics, des logements insalubres, des cimetières ; la direction de l'état-civil, etc., etc. ; il apporta, dans ces diverses branches de l'Administration, tout le zèle dont il était capable et ne ménagea jamais ni son temps ni ses soins, chaque fois qu'il y avait un intérêt public à défendre ou à sauvegarder.

M. *Adolphe Crouy* remplit pendant onze ans ses fonctions d'adjoint au maire de Boulogne et, aux jours difficiles de 1870, alors que l'invasion prussienne, gagnant peu à peu nos contrées, menaçait directement notre ville, il resta fidèle et ferme à son poste. Les évènements, en devenant plus graves, avaient comme redoublé une activité que n'arrêtèrent jamais soit les considérations d'âge ou de santé, soit des motifs tirés de la rigueur exceptionnelle de la saison. M. Crouy était constamment sur la brèche, c'est-à-dire partout où l'appelait le devoir. A la Mairie, — où se concentraient tous les services municipaux et ceux qu'avaient créés les besoins de la défense nationale ; — au Bureau de Bienfaisance ; — aux Ambulances ; — sur les chantiers communaux ; près des pauvres familles éprouvées par la guerre ; — en tout endroit où il y avait du bien à faire, M. Crouy était présent et il agissait.

Rarement, on put voir un dévouement plus complet !

Il a fallu des chagrins d'une nature tout intime et qui l'éprouvaient dans ses affections les plus chères pour déterminer M. Crouy à se retirer de la vie officielle, où sa collaboration et ses services étaient si précieux. Mais, en se séparant du Conseil municipal, notre honorable concitoyen n'a pas voulu laisser inachevée l'œuvre patriotique des secours aux familles boulonnaises victimes de la guerre ; — et l'assemblée vient de voir avec quel soin M. Crouy a conduit à bonne fin une liquidation aussi surchargée de détails.

La part prise par M. Crouy à l'organisation des ambulances, à leur tenue, à leur marche, etc., suffirait seule à mériter à ce citoyen dévoué entre tous, la haute distinction que M. le Maire propose au Conseil municipal de demander, au nom de la Ville de Boulogne, au Gouvernement de la République.

Et quand à ces services vient s'ajouter une vie toute entière consacrée aux intérêts publics (1) il est certain que jamais croix d'honneur ne serait accordée à une poitrine plus digne de la recevoir et de la porter. *(Applaudissements répétés).*

La ville de Boulogne joindrait à cette récompense sollicitée de la justice du Chef de l'Etat, une médaille d'or, en témoignage de gratitude envers M. Adolphe Crouy, des nombreux services rendus par lui à la chose publique et à nos concitoyens.

Semblable témoignage, exprimé sous la même forme, serait décerné, au nom de la ville, à M. le Dr Duhamel, à M. le Dr Flour, à M. le Dr Gros, à M. Th. Hamy, ancien pharmacien, et à M. le Dr Ovion, pour leur dévouement incessant et les soins infinis qu'ils ont donnés en 1870-1871, soit dans les ambulances, soit à l'Hôpital militaire. Grâce à ces intelligents et dévoués praticiens, bien des victimes ont pu être arrachées à la mort, bien des malheureux ont été soulagés. Déjà, aux époques tristement mémorables des épidémies

---

(1) Actuellement encore, M. Crouy est président de la Société de Secours-Mutuels entre les ouvriers, administrateur du Bureau de Bienfaisance et du Mont de Piété.

Pendant plusieurs années, M. Crouy a été juge au Tribunal de Commerce. — C'est, en grande partie, à son initiative personnelle que la ville de Boulogne doit le Conseil des Prud'hommes qui y a été créé en 1856.

cholériques de 1849, 1854 et 1866, ces citoyens dévoués avaient noblement rempli leur devoir. Constamment, ils ont consacré à l'accomplissement de leur mission tout leur cœur, toute leur science !

Ces titres, déjà anciens, il est bon de les rappeler ici à leur honneur. Partout et toujours, on les a vus prêts à affronter le danger, venir en aide à l'administration municipale dans les moments difficiles des épidémies, organiser avec elle les secours médicaux.

Une *Note* résumée des services publics de MM. Duhamel, Flour, Gros, Hamy et Ovion fera de suite saisir au Conseil municipal l'ensemble des titres de nos compatriotes à la distinction honorifique que l'Administration se fait un devoir de réclamer pour eux des représentants de la cité.

I.

M. LE Dʳ DUHAMEL (*François-Honoré*),

âgé de 52 ans, chirurgien en chef de l'Hospice de Boulognesur-mer, où il exerce ses fonctions médicales depuis près de vingt ans, s'est distingué par l'empressement qu'il a mis à se rendre partout où les soins de son art pouvaient être utiles aux malheureux atteints du fléau qui a si cruellement sévi à Boulogne en 1866. Rien n'a été négligé par lui pour combattre l'épidémie dans ses moindres retranchements.

A l'Hospice, le Dʳ Duhamel a particulièrement apporté un zèle qui a eu les meilleurs résultats : un certain nombre de malades lui durent le retour à la santé.

Outre ses fonctions à l'Hospice, M. le Dʳ Duhamel est encore médecin des prisons, membre du comité d'hygiène et de salubrité, membre de la commission sanitaire, membre du Bureau d'administration du Collége communal, membre du Conseil municipal, etc.

Dans ces divers postes, notre honorable concitoyen déploie une activité qui n'a d'égal que son dévouement entier aux intérêts publics.

II.

M. le Dr FLOUR (*Charles-Antoine*),

âgé de 50 ans, ancien membre du Conseil municipal, ancien membre et secrétaire de la Commission des logements insalubres, etc., a montré, pendant la durée des diverses épidémies cholériques, notamment celle de 1866, un dévouement de tous les instants.

Comme médecin, M. Flour a porté ses soins au milieu des victimes avec un grand empressement, se prodiguant auprès des plus pauvres et des plus souffrants.

Comme membre de la Commission des logements insalubres, il a rempli avec zèle et activité sa délicate mission, s'attachant avant tout, par la persuasion et les bons conseils, à obtenir l'assainissement des habitations de la classe nécessiteuse.

III.

Mr LE Dr GROS (*Charles-Henri*),

médecin en chef de l'Hospice de Boulogne-sur-mer depuis 17 ans, membre du Conseil d'hygiène et de salubrité, membre de la Commission sanitaire de l'arrondissement maritime de Boulogne, ancien membre du Conseil municipal, membre de la Commission des logements insalubres, etc., est actuellement âgé de 67 ans.

Cet honorable citoyen a toujours montré, dans l'exercice de ses diverses fonctions, et surtout dans la pratique de son ministère, un dévouement et un zèle absolus. Homme d'études et d'observations, cherchant chaque jour à découvrir ou à apprendre, M. le Dr Gros a acquis, avec une expérience consommée, une science dont il fait, en toutes circonstances, le plus judicieux et le plus généreux emploi.

A nos diverses et si pénibles époques d'épidémie, non-seulement il portait ses soins les plus empressés aux victimes atteintes par le fléau, mais, par les recherches les plus persévérantes, il s'ingéniait à poursuivre le mal dans ses origines supposées ou dans ses causes éloignées ou actuellles. M. Gros a pu ainsi rendre de nombreux et signalés services qui lui assurent la reconnaissance publique.

IV.

M. Hamy *(Théodore-Auguste)*,

âgé de 73 ans, pharmacien de 1re classe en non-exercice, membre du Conseil d'hygiène et de salubrité, membre de la Commission des logements insalubres, membre du Comité de patronage pour les jeunes détenus libérés, membre du Comité d'inspection de la pharmacie, membre du Conseil municipal, membre du Comité de l'Atelier-École pour l'instruction des jeunes marins, membre de la Délégation Communale pour l'instruction primaire, etc., est, depuis long temps, pour l'Administration municipale, un auxiliaire précieux, notamment dans tout ce qui se rattache à la salubrité générale de la ville.

Pendant la période cholérique de 1866, surtout, cet honorable citoyen s'est dévoué, d'une manière spéciale, en visitant les lieux infectés par le fléau et en provoquant leur assainissement.

En toutes circonstances il a bravement payé de sa personne, ne reculant devant aucune fatigue, devant aucune démarche ayant le bien en vue ou pour résultat.

V.

M. le Dr Ovion (*Pierre-François*),

âgé de 59 ans, médecin des épidémies, membre du Conseil d'hygiène et de salubrité, membre de la Commission sanitaire de l'arrondissement maritime, médecin de la Société de Secours mutuels entre les ouvriers, ancien membre-secrétaire de la Commission des logements insalubres, membre du Conseil municipal depuis plus de 20 ans, etc., s'est particulièrement distingué lors des épidémies cholériques, notamment celles de 1849, 1854 et 1866 : avec un zèle des plus dignes d'éloges, cet honorable praticien s'est constamment fait un devoir de se porter, avec le plus louable empressement, près des victimes du fléau, dont beaucoup, grâce à ses soins diligents, lui durent la vie.

Au milieu de ses nombreuses occupations, M. le Dr Ovion trouve encore le temps de prêter son bienveillant concours à l'Administration municipale dans les détails multiples que réclame l'important service de l'Instruction publique à ses divers degrés : sa sollicitude est de tous les instants.

Outre ce passési honorable pour MM. le Dr Duhamel, le Dr Flour, le Dr Gros, Th. Hamy et le Dr Ovion, le Conseil municipal a vu, par les documents qui viennent de lui être communiqués, quelle a été la part respective de ces dignes et dévoués citoyens, et celle de M. Adolphe Crouy, dans cette grande œuvre, vraiment chrétienne et patriotique, des ambulances.

Il est de toute justice que la mémoire de ce dévouement soit conservée au milieu de la population, et, d'une manière plus spéciale, perpétuée dans les familles de nos honorables concitoyens.

M. le Maire prie, en conséquence, le Conseil municipal de vouloir bien prendre, dans ce sens, une délibération, dont un extrait sera officiellement transmis à MM. Crouy, Ovion, Duhamel, Flour, Gros et Hamy.

Ces propositions sont appuyées chaleureusement de toutes parts.

(MM. Duhamel, Ovion et Hamy se retirent de la salle des délibérations.)

Après échange de quelques observations, M. le Maire met aux voix ses propositions.

A l'unanimité, le Conseil les adopte.

. . . .

M. Henry formule et dépose l'amendement suivant :

» Il ne faut pas laisser effacer les souvenirs des actes de
» patriotisme et de charité dont le rapport de M. Crouy
» nous fait le fidèle et éloquent récit. La population bou-
» lonnaise a été à la hauteur de ses devoirs : elle y a été
» aidée par le concours le plus dévoué et le plus généreux
» de la population anglaise : il ne faut pas non plus qu'on
» l'oublie.

» Vous ne vous bornerez pas, Messieurs, à approuver les
» conclusions de ce rapport. Vous en voterez l'impression
» aux frais de la municipalité, pour ne rien distraire des
» fonds de l'œuvre. Un exemplaire en serait envoyé à tous
» les membres des comités et aux coopérateurs actifs de
» l'œuvre. »

De tous côtés, dans l'assemblée, cette motion est appuyée.

Mise aux voix, elle est adoptée à l'unanimité : l'impres-sion du rapport et de l'exposé de l'Administration est votée à tel nombre d'exemplaires que M. le Maire jugera néces-saire ; — la distribution en sera faite par les soins de l'Ad-ministration ; — la dépense sera acquittée sur les dépenses imprévues du présent exercice.

PROCÈS-VERBAL

De la Cérémonie de Distribution des Médailles.

11 MAI 1873

Le dimanche 11 mai 1873, à midi, en la grande salle Eurvin, à l'Hôtel-de-Ville ;

Nous, Auguste-Victor HUGUET, Maire de la ville de Boulogne-sur-mer ;

Avons procédé, en présence des membres de l'Administration et du Conseil municipal, à la remise des médailles d'honneur votées par cette dernière assemblée le 13 février 1873 à plusieurs de nos concitoyens qui se sont signalés par leur dévouement lors des épidémies locales et pendant la période de l'existence des Ambulances créées à Boulogne, pour le soulagement des soldats blessés ou malades.

Ont répondu à l'invitation de l'Administration municipale et sont présents à la cérémonie, outre MM. les Adjoints et MM. les Conseillers municipaux, MM. Aly, membre de la commission du Musée municipal ; Audibert, professeur d'hydrographie de marine en retraite, officier de la Légion d'honneur, vice-président de la Commission du Musée municipal ; Bilbocq, sous-directeur des contributions indirectes ; Bilot, avocat ;

le Dr Bourgain ; Edmond Bouvet, ancien chef de bureau de l'état-civil ; Buron, directeur de l'Abattoir ; le capitaine Campbell, membre de la Société humaine ; le colonel de Cappot, officier de la Légion d'honneur, ancien colonel de la garde nationale sédentaire de Boulogne ; Carlier-Guilmant, ancien conseiller municipal ; Carpentier, inspecteur de l'enseignement primaire ; Chabanel, inspecteur sédentaire des douanes ; Chevalier, percepteur des contributions directes ; Curet, commissaire de l'inscription maritime ; Delattre, avocat ; De Poilly, ingénieur-voyer communal ; Dutertre, pharmacien ; Evrard, pharmacien ; le Dr Filliette ; Aug. Flour, receveur-économe de l'Hospice ; le directeur et le sous-directeur des Frères des écoles chrétiennes ; Gauthier-Duchochois, ancien conseiller municipal ; Aug. Gros, ancien représentant du peuple à l'Assemblée législative ; le Dr Gros fils ; Léon Gros, membre de la commission de surveillance de l'Académie communale de musique ; Hubert, ingénieur civil ; Lafosse-Gontier, propriétaire ; Jules Langlet, capitaine commandant les sapeurs-pompiers de Boulogne ; Larché, ancien conseiller municipal, administrateur de l'Hospice et du Mont-de-Piété ; Le Deuc, trésorier des invalides de la marine ; le Dr Legay ; Lefort, lieutenant de port ; Lipsin, ancien conseiller municipal, vice-président du Bureau de Bienfaisance et du Conseil d'administration du Mont-de-Piété ; Mantée, propriétaire ; Marlard, négociant ; Henry Melville Merridew, membre de la Société humaine, vice-président du Comité de publicité ; Moleux, rentier ; Monicault, commissaire central de police ; Pichon, architecte de la ville ; Poultier, avoué ; Hector de Rosny, président de la Société académique de Boulogne ; Rougelot de Lioncourt, directeur des Douanes ; la Société de Bienfaisance de Boulogne ; Spiers, directeur de l'Etablissement des Bains ; George Stone, membre de la Société humaine ; Tailhades, capitaine commandant la gendarmerie ; Valois-Varlet, propriétaire ; le marquis de Vichet, chevalier de la

Légion d'honneur ; Vermersh, lieutenant des sapeurs-pompiers de Boulogne ; Wable, notaire ; Wissocq, receveur du Bureau de Bienfaisance ; les divers chefs des services communaux, etc., etc.

A l'ouverture de la séance, il est donné lecture des lettres suivantes, écrites par MM. Desprès, Sous-Préfet, et D. Henry, Conseiller municipal.

« *Boulogne, le 9 mai* 1873.

» Monsieur le Maire,

» Vous avez bien voulu m'inviter à la distribution des » médailles décernées par la ville de Boulogne à ceux de » ses habitants qui ont bien mérité d'elle par leur dévoue- » ment lors des épidémies locales et dans les ambulances.

» Je suis obligé de m'éloigner demain de Boulogne, et je » me vois ainsi forcé de manquer cette solennité à laquelle » il m'eût été pourtant si précieux d'assister.

» Je vous prie, Monsieur le Maire, d'agréer à cet égard » mes très-vifs regrets, ainsi que l'assurance de ma considé- » ration la plus distinguée.

» *Le Sous-Préfet,*

» Signé : A. Després. »

» *Boulogne, le* 10 *mai* 1873.

» Monsieur le Maire,

» Je regrette bien vivement qu'un engagement profes- » sionnel pris par moi depuis quelque temps déjà et que » je ne puis remettre, me prive du plaisir d'assister à la » cérémonie à laquelle vous aviez bien voulu me convier. » J'eusse éprouvé une grande satisfaction à prendre part

» aux applaudissements qui ne manqueront pas d'accueillir
» des récompenses si justement dues à des services que per-
» sonnellement j'avais pu apprécier.

» Si tous n'ont pas ce à quoi ils pouvaient peut-être légi-
» timement prétendre, personne du moins ne dira que
» parmi ceux à qui la ville manifeste aujourd'hui sa recon-
» naissance il en soit un qui ne s'en est point montré
» digne.

» Recevez, je vous prie, Monsieur le Maire, avec l'ex-
» pression de mes regrets, la nouvelle assurance de mon
» entier dévouement,

» Signé : D. HENRY,

» Conseiller municipal. »

Sur notre invitation, le secrétaire du Comité central de
secours aux blessés et autres victimes de la guerre, M. *Louis*
BÉNARD, secrétaire en chef de la Mairie, donne lecture de la
délibération prise par le Conseil municipal le 13 février 1873,
à l'effet de voter une médaille d'honneur à MM. Crouy,
Duhamel, Flour, Gros, Hamy et Ovion.

Puis, nous avons adressé à l'assistance l'allocution suivante :

« Messieurs,

» J'ajouterai seulement quelques mots à l'exposé que vous
» venez d'entendre. Il vous fait connaître les titres de nos
» honorables concitoyens à la distinction que la ville de
» Boulogne leur décerne.

» Qu'il me soit permis, à cette occasion, de rendre une
» égale justice à tous les dévouements.

» Chacun de vous se rappelle le généreux élan de notre
» population, son empressement à venir en aide à l'Admi-
» nistration municipale par des quêtes, des offrandes, des

8

» démarches personnelles, le concours le plus dévoué. Les
» dames, à l'envi, se pressaient dans nos ambulances, s'ef-
» forçant, par des soins attentifs et de douces paroles, de sou-
» lager nos pauvres blessés, encourageant les uns, appor-
» tant des consolations aux autres, se prodiguant en actes de
» bienfaisance.

» De leur côté, nos résidents anglais s'organisaient en
» Comité. Dirigés par des hommes de cœur, ils expédiaient
» sur tous les points où les ressources manquaient des mé-
» dicaments, des vêtements et les mille objets nécessaires
» aux troupes en campagne. Prévoyant nos besoins, les de-
» vançant même, ils ne reculaient devant aucun sacrifice,
» entreprenant, au milieu d'un hiver des plus rigoureux,
» des voyages longs et pénibles. Leur zèle et leur générosité
» ont été incomparables, leurs services sont de ceux qui ne
» s'oublient pas.

» Cette époque lamentable, malgré tous ses malheurs, a
» eu un côté consolant. Une fois de plus, elle a montré qu'on
» ne fait pas appel en vain aux nobles instincts de l'homme.
» Plus les malheurs sont grands, plus ils trouvent d'écho et
» de sympathie.

» En vous parlant des personnes qui ont donné leur
» temps à l'organisation des Ambulances, un nom est sur
» toutes les lèvres, celui de mon honorable prédécesseur et
» ami, qui a été l'âme des mesures prises pendant les jours
» néfastes de la guerre de 1870.

» Grâce à sa vigilance, à son initiative, à son habile direc-
» tion, l'ordre et la tranquillité ont été maintenus dans la
» cité. En même temps qu'il donnait ses soins à la prompte
» expédition des affaires administratives, il faisait ouvrir la
» rue de Beaurepaire, terminait le boulevard Daunou, où
» des centaines d'ouvriers inoccupés trouvaient un travail
» utile, il veillait, plein de sollicitude, à l'organisation des
» ambulances, des fourneaux économiques, de notre garde

» nationale, à celle des mobiles et des mobilisés de l'arron-
» dissement. Tout se centralisait alors à Boulogne. Notre
» ville était le refuge de nombreuses recrues levées à
» la hâte, qui nous arrivaient épuisées, mal vêtues, mal équi-
» pées. Sur l'heure et sans retard, il fallait les loger, les
» nourrir, pourvoir à leurs besoins.

» Telle a été sa tâche, Messieurs, pendant ces longs mois
» de pénibles angoisses.

» Il a été à la hauteur de la mission qu'il avait acceptée
» par patriotisme, mission d'autant plus aride et difficile
» que les moyens manquaient : tout était à créer. Les im-
» portants services qu'il a rendus à cette époque sont un
» beau titre à la reconnaissance de ses concitoyens.

» Il est de toute justice d'ajouter que M. D. Henry a
» trouvé de dignes et dévoués collaborateurs qui l'ont puis-
» samment aidé. MM. Adolphe Crouy et Camille Baignol,
» inspirés du sentiment élevé du devoir, sont venus lui
» apporter le concours précieux de leur activité, de leurs
» connaissances, partager sa responsabilité.

» Avec eux, chacun s'est mis à l'œuvre; et nous avons vu
» organiser, en quelques semaines, des ambulances pour
» douze cents blessés, présentant jusque dans leurs moindres
» détails une perfection qu'on était loin d'espérer.

» Je ne m'étendrai pas sur les dévouements dont vous
» avez été témoins. Vous en avez eu l'initiative et la meilleure
» part : à vous, Messieurs, notre reconnaissance.

» Bien des noms s'offrent ici à ma pensée. Lesquels
» désigner ? Comment nommer les uns, sans parler des
» autres avec éloge? Tous, vous avez partagé nos travaux,
» secondé nos efforts, apporté au soulagement des misères
» locales et des infortunes de la guerre un empressement,
» une constance, une fermeté qui ne se sont pas démentis.
» Jusqu'au dernier moment, vous vous êtes consacrés à

» l'œuvre des Ambulances. Recevez-en de nouveau nos
» remerciements. Notre gratitude est d'autant plus vive que
» vous ne cessez de faire le bien et que votre concours est
» assuré à toutes les œuvres utiles et morales.

» Parmi les personnes qui se sont distinguées dans ces
» circonstances, nos concitoyens MM. Ad. Crouy, le D[r]
» Duhamel, le Dr Flour, le Dr Gros, Théodore Hamy et
» le Dr Ovion, ont droit à une mention particulière, en
» raison de leurs anciens services. Leur longue et laborieuse
» carrière et le dévouement dont ils ont fait preuve pendant
» les épidémies, leur ont acquis des titres à une distinction
» que le Conseil municipal leur a votée le 13 février dernier.

» La médaille que vous avez si dignement méritée,
» Messieurs, signifie savoir, dévouement, sacrifice, devoir
» patiemment accompli, quelquefois privation et péril,
» toujours travail.

» Ce mot résume votre vie. Jeunes, vous vous y êtes
» soumis, il a été la loi de votre existence. Depuis plus de
» vingt ans, et chaque jour encore, vous donnez l'exemple
» d'une activité que rien ne décourage. Sans vous laisser
» rebuter par les difficultés, vous poursuivez votre tâche
» sociale, forts du sentiment qui vous anime, soutenus par
» l'élévation de votre âme. Prompts à saisir toutes les
» occasions d'être utiles, plus préoccupés des autres que de
» vous-mêmes, vous avez fait le sacrifice de vos goûts et des
» plus douces jouissances de la vie avec une abnégation
» complète.

» Laissant de côté les calculs intéressés, vous vous êtes
» attachés à un plus noble but. Près de vous l'on trouve les
» conseils qui dirigent, les sympathies qui soutiennent, la
» libéralité qui vient en aide à la science et soulage les maux
» qu'elle ne peut guérir. Vous réalisez, dans la plus large
» acception, cette parole : « Le bien est l'éternel devoir
» auquel l'homme doit obéir. »

» Certes, il est beau d'occuper une position élevée, de la
» devoir à une intelligence supérieure, à un travail et à des
» qualités exceptionnelles ; d'être appelé à une de ces hautes
» fonctions auxquelles peu d'hommes parviennent : combien
» est plus beau le titre d'homme de bien !

» Ceux que le sentiment du devoir anime, que l'amour
» de leur pays et de leur prochain sollicite, sans cesse
» l'esprit en éveil partout où il y a quelque bien à faire,
» des améliorations à réaliser, une institution ou des œuvres
» utiles à créer, à soutenir, à propager, qui consacrent à
» l'accomplissement de cette mission leur temps et leur
» savoir, ceux dont la vie est si bien remplie sont vérita-
» blement hommes de bien.

» Ce titre, Messieurs, vous le méritez par votre persé-
» vérant dévouement. La médaille que vous allez recevoir
» transmettra ce souvenir à la postérité. Sa principale valeur
» est dans l'expression spontanée du vœu de vos concitoyens,
» dont j'ai l'honneur d'être l'organe.

» Cette distinction est à la fois un encouragement, un
» enseignement, une promesse pour la jeunesse : gage
» précieux à laisser à vos enfants, — lien qui unira la
» génération présente à la génération future, en lui mon-
» trant ce qu'étaient leurs pères. Vous leur tracez la
» voie. A votre exemple, ils voudront, eux aussi, mériter un
» signe d'honneur, laisser un nom, un souvenir. Ainsi se
» développeront dans vos familles ces nobles traditions,
» qualités rares, aussi utiles à la Société qu'à ceux qui les
» possèdent. Par leur longue durée, elles assureront la bonne
» renommée et l'avenir de vos familles, elles aideront puis-
» samment au relèvement moral de notre pays, dont les
» énergiques efforts tendent à effacer les traces d'un passé
» qui pèsera longtemps encore sur nous. »

Ce discours prononcé, nous avons successivement fait

appeler les citoyens qui sont l'objet de la distinction votée le 13 février.

A l'appel du nom de M. Crouy, nous avons fait donner lecture, par M. le Secrétaire, de la lettre ci-après, qui explique les motifs d'absence de cet honorable concitoyen :

« Marseille, ce 7 mai 1873.

» Monsieur le Maire,

» J'ai l'honneur de vous accuser réception de votre affec-
» tueuse lettre du 3 de ce mois, par laquelle vous me pré-
» venez que la cérémonie de la distribution des médailles
» d'honneur décernées par la ville de Boulogne aux citoyens
» qui se sont le plus distingués par leurs services dans les
» ambulances, comme par le dévouement dont ils ont donné
» le plus de preuves dans le cours de leur carrière, aura lieu
» le 11 mai, à midi, à l'Hôtel-de-Ville, et me priant de vouloir
» bien, comme lauréat, y assister.

» Je dois vous dire, Monsieur le Maire, que je suis venu
» à Marseille voir ma fille et mes petits-enfants, que je
» n'avais pas vus depuis fort longtemps, avec promesse
» d'assister au baptême du plus jeune et à la première com-
» munion de l'aîné : vous comprendrez donc facilement
» que, malgré tout le plaisir que j'éprouverais de recevoir
» de mes anciens collègues les félicitations et la récompense
» qu'ils veulent bien m'accorder, il m'en coûterait trop de
» détruire le bonheur de tous et, de plus, de manquer à
» ma parole.

» Je ne serai donc à Boulogne au plus tôt que vers le
» 26 ou 28 mai, et je viens vous prier, en faveur d'un motif
» si puissant, de vouloir bien m'excuser et faire part de mes
» regrets aux membres de l'Administration et du Conseil
» municipal, en leur faisant connaître les motifs qui me
» retiennent ici.

» Veuillez, Monsieur le Maire, agréer l'assurance de
» mon entier dévouement,

» Signé : A. CROUY. »

Puis, nous avons, au milieu des applaudissements una-
nimes de l'assistance, remis personnellement à M. le
Dr Duhamel, à M. le Dr Flour, à M. le Dr Gros, à M.
Théodore Hamy et à M. le Dr Ovion, la médaille d'hon-
neur en or décernée à chacun d'eux par le Conseil municipal (1) ainsi qu'un étui en maroquin rouge, aux armes

---

(1) Ces médailles, renfermées chacune dans un écrin en maroquin
et soie rouge, portant le nom du lauréat, ont reçu ces inscriptions,
au revers, du côté où ont été frappées les armes de la ville de Boulogne :

A MONSIEUR

CROUY (Adolphe),

ANCIEN PREMIER ADJOINT AU MAIRE,

LA VILLE DE BOULOGNE-SUR-MER RECONNAISSANTE.

NOMBREUX SERVICES PUBLICS — DÉVOUEMENT INCESSANT AUX CLASSES

OUVRIÈRES — SOINS PERSONNELS DANS LES AMBULANCES

(GUERRE 1870-1871),

AUX FOURNEAUX ÉCONOMIQUES, ETC.

DÉLIBÉRATION DU CONSEIL MUNICIPAL DU 13 FÉVRIER 1873.

A MONSIEUR

Le Dr DUHAMEL (François-Honoré),

CHIRURGIEN EN CHEF DE L'HOSPICE, ETC,

LA VILLE DE BOULOGNE-SUR-MER RECONNAISSANTE.

SOINS AUX VICTIMES DES ÉPIDÉMIES CHOLÉRIQUES,

DÉVOUEMENT ET SOINS PERSONNELS AUX VICTIMES DE LA GUERRE

DE 1870-1871.

DÉLIBÉRATION DU CONSEIL MUNICIPAL DU 13 FÉVRIER 1873.

de la ville de Boulogne, renfermant, sur parchemin, l'extrait de la délibération municipale, avec la relation sommaire des services publics rendus par ces honorables citoyens.

A MONSIEUR

Le Dr FLOUR (Charles-Antoine),

LA VILLE DE BOULOGNE-SUR-MER RECONNAISSANTE.

SERVICES PUBLICS — SOINS AUX VICTIMES DES ÉPIDÉMIES CHOLÉRIQUES,

DÉVOUEMENT ET SOINS PERSONNELS AUX BLESSÉS DES AMBULANCES

(GUERRE 1870-1871).

DÉLIBÉRATION DU CONSEIL MUNICIPAL DU 13 FÉVRIER 1873.

A MONSIEUR

Le Dr GROS (Charles-Henri),

MÉDECIN EN CHEF DE L'HOSPICE, ETC.

LA VILLE DE BOULOGNE-SUR-MER RECONNAISSANTE.

SERVICES PUBLICS — SOINS AUX VICTIMES DES ÉPIDÉMIES,

DÉVOUEMENT ET SOINS PERSONNELS AUX VICTIMES DE LA GUERRE

DE 1870-1871.

DÉLIBÉRATION DU CONSEIL MUNICIPAL DU 13 FÉVRIER 1873.

A MONSIEUR

HAMY (Théodore-Auguste),

PHARMACIEN DE PREMIÈRE CLASSE EN NON-ACTIVITÉ, ETC.

LA VILLE DE BOULOGNE-SUR-MER RECONNAISSANTE.

NOMBREUX SERVICES PUBLICS.

DÉVOUEMENT INCESSANT LORS DES ÉPIDÉMIES CHOLÉRIQUES

SOINS PERSONNELS ET DÉVOUÉS, DANS LES AMBULANCES, AUX VICTIMES

DE LA GUERRE DE 1870-1871.

DÉLIBÉRATION DU CONSEIL MUNICIPAL DU 13 FÉVRIER 1873.

Au nom de ses collègues, comme en son nom propre, M. le Dr Gros adresse au Conseil municipal et à l'Administration quelques paroles émues de remerciements pour la flatteuse distinction dont ils viennent de les honorer, au nom de la ville de Boulogne : en toute circonstance, ils continueront à se faire un devoir de mettre au service de tous leur dévouement le plus entier et leur zèle.

Nous avons ensuite déclaré la séance levée.

De tout quoi, nous avons tenu le présent procès-verbal.

Le Maire de Boulogne,

Aúg. HUGUET.

A MONSIEUR

Le Dr OVION (Pierre-François),

LA VILLE DE BOULOGNE-SUR-MER RECONNAISSANTE.

NOMBREUX SERVICES PUBLICS.

SOINS AUX VICTIMES DES ÉPIDÉMIES LOCALES.

SOINS PERSONNELS ET DÉVOUÉS, DANS LES AMBULANCES, AUX VICTIMES DE LA GUERRE DE 1870-1871.

DÉLIBÉRATION DU CONSEIL MUNICIPAL DU 13 FÉVRIER 1873.

Comme témoignage de reconnaissance envers M. *Dagbert*, pour les services par lui rendus, avec tant d'empressement et de désintéressement, à l'Ambulance des Anciennes Casernes, M. le Maire a, le 3 juin 1873, remis à notre concitoyen, au nom du Comité qu'il préside, une trousse d'honneur, où se trouvent sommairement rappelés ces services.

(V. p. 15 de la présente brochure).

BOULOGNE. — IMP. BERR & Cᵉ, 63, RUE NEUVE-CHAUSSÉE

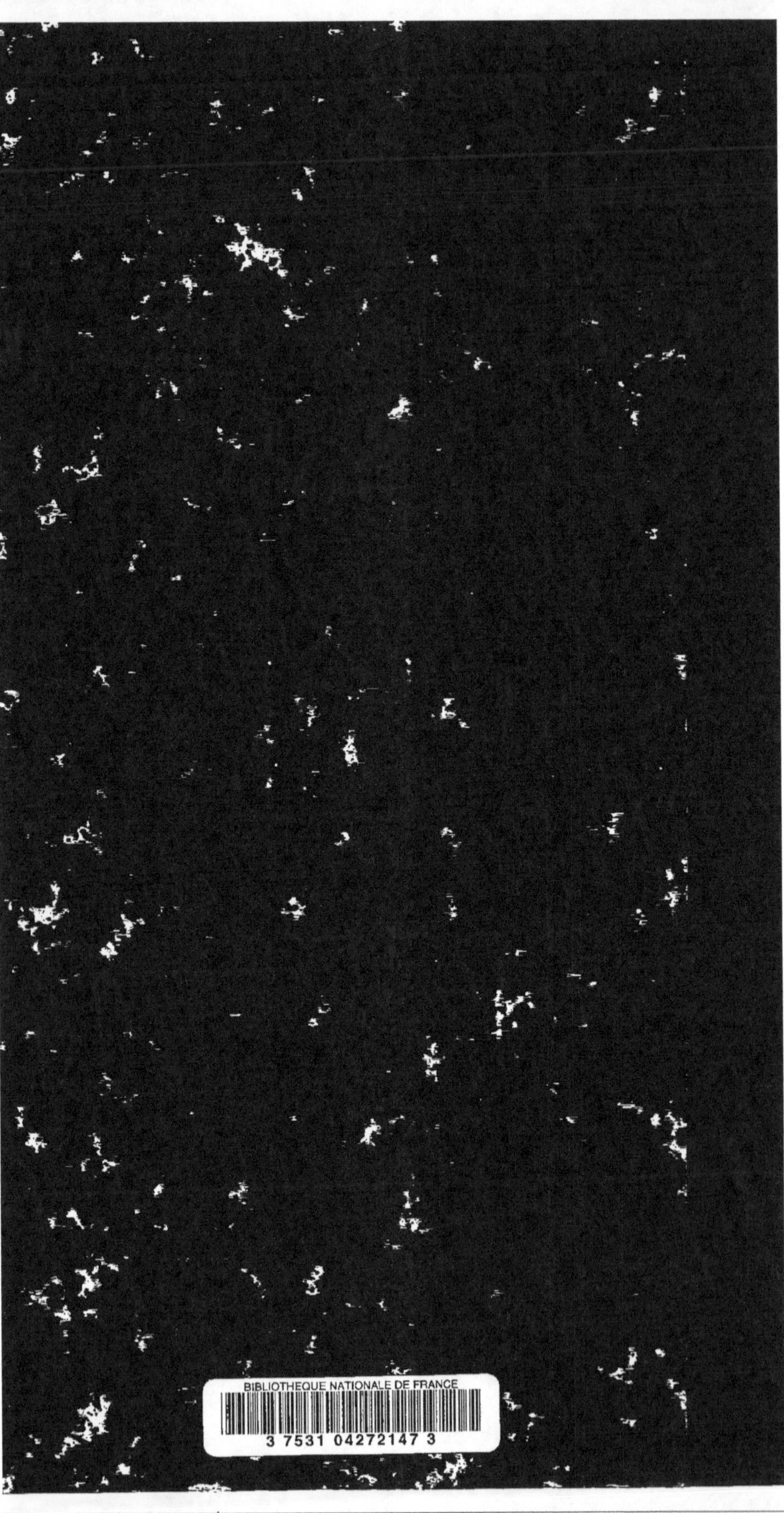

BIBLIOTHEQUE NATIONALE DE FRANCE
3 7531 04272147 3